독서로 말하라

독서로 말하라

노충덕 지음

모아북스
MOABOOKS

독서가 답이다

유쾌하게 변신

누군가는 책을 읽는 것이 좋다거나, 얼마간 직업상의 의무 때문에 독서를 시작한다.

지적 호기심을 채우는 것은 어린 시절 놀이인 '땅따먹기'와 같다. 아무도 요구하지 않은 책임감이란 타인의 시선을 두려워하며 살아가는 태도 때문에 생긴다. 조선 선비의 삶은 일상이 책 읽기와 글쓰기였고, 사회를 지탱하는 윤리적 기준이었다. 지적 호기심은 아무도 요구하지 않은 책임감에서 조선 선비의 삶을 자극받아 집중 독서를 시작했다.

지적 호기심을 쫓아가다

저 산 너머에 무엇이 있을까?

무지개 끝이 닿는 곳에 무엇이 있을까?

유년 시절 누구나 한번은 생각했을 궁금함이다. 알지 못한 세상에 대해 알고자 하는 호기심이 지리학의 출발점이다. 과거에는 어떠했을까? 현재의 사물이 언제부터 사용되었을까? 이런 호기심이 역사학을 만들었다.

단순한 호기심과 지적인 호기심은 다르다. 단순한 호기심은 생각으로 그치기가 쉽다. 우리가 사는 현대 문명은 누구나 가진 지적 호기심을 해결하며 만든 결과다. 앞으로도 지적 호기심이 변화를 이끌어 갈 것으로 생각한다.

《마오의 독서 생활》을 읽다가 마오가 《육조단경》을 손에 놓지 않고 있었다는 내용과 《천연론》을 읽었음을 알게 됐다. 종교를 마약으로 다루어 공산주의 국가를 만들겠다던 마오가 불경인 《육조단경》을 읽었다고? 호기심이 생기지 않을 수 없다. 《천연론》은 다윈의 《진화론》을 중국인이 번역한 것이다. 어떻게 받아들였는지가 궁금하다. 지적 호기심이라고 생각한다.

책을 읽다 보면 박헌영과 호찌민이 모스크바에서 함께 공부했음을 알게 된다. 박헌영이 《목민심서》를 호찌민에게 선물로 주었다는 게 정설이라고 한다. 호찌민은 《목민심서》를 실천했으리라. 정약용의 《목민심서》가 베트남 통치에 영향을 주었을 듯하다. 그렇게 평가하는 베트남 사람이 있을까? 우리만 그럴 수 있을 거로 추측하는가? 베트남 역사인 《대월사기》가 교과서에 새로 실렸다는 사실과 《목민심서》를 연결하니 《대월사기》번역본이 있을까 궁금하다.

그리스 로마 신화를 읽다가 쉽게 풀어쓴 신화를 찾고 이윤기의 《그리스 로마 신화》를 만난다. 메소포타미아의 《길가메시 서사시》, 그리스의 《일리아스》, 《오디세이》와 같은 것으로 인도에는 무엇이 있을까 하는 호기심 생긴다. 《라마야나》를 읽은 까닭이다.

아무도 요구하지 않은 책임감에 대한 물음

결혼한 대한민국 남자라면 요구하지 않은 책임감을 느끼고 산다고 생각한다. 아내가 모르는 남편의 어깨에는 책임감이 얹혀 있다. 부부가 맞벌이한다고 해서 벗어놓을 수 없는 책임감이다. 남편은 가족의 생계와 안위를 책임져야 한다는 가장의 책임감이다. 아내들은 "그것이 무슨 소리예요?" 라고 말할 수 있다.

가장의 책임감을 느끼지 못하고 감당하지도 않는 사람도 있을 것이다. 그래서 가장의 책임감은 요구하지 않지만 느끼는 책임감이다. 맞벌이하는 아내는 수긍하지 않는다.

대학을 졸업하고도 부모 집에서 용돈 받아 사는 30대는 부담을 갖는다. 외국인과 만날 때 간단한 대화조차 하지 못한다거나 한문으로 집 주소를 쓰지 못할 수 있다. 이런 경우에 생기는 감정은 누구에게나 만족스러운 감정은 아니다. 우리는 타인의 시선을 의식하며 산다. 다른 사람들이 드러내놓고 요구하지 않지만 최소한의 기대치가 있다. 이 기대치가 요구하지 않은 책임감이다.

팔각나무두레박은 여덟 조각 나무가 물 샐 틈 없이 꽉 맞물려 있을 때 물을 가득 길어 올린다. 어느 한 조각이라도 나무가 상하면 두레박은 물을 가득 길어올릴 수 없다. 팔각나무두레박을 우리 삶이라고 본다면, 여덟 개 나무 조각은 삶을 구성하는 요소다. 지력, 체력, 사랑, 성실, 기개, 정직 등 삶은 누구나 조금씩 다른 조각으로 자신만의 삶을 만든다. 쓸데없는 노릇이라고 할 수도 있다. 내 삶을 생각하면, 실제 그렇지 못하더라도 최소한의 교양을 갖고 살려고 노력해야 한다. 이것이 아무도 요구하지 않은 책임감이다.

조선 선비의 삶을 그리워하다

동료에게 조선 선비들의 삶이 얼마나 멋진가, 그들의 삶을 닮아가면 좋겠다고 말했다. 동료는 종을 부리며 편하게 살고 싶어 그런다고 추측하고 비웃는다. 조선시대 선비는 긍정과 부정을 함께 떠오르게 한다. 일하지 않고 노는 한량, 노비를 부리는 주인, 관직에 나가면 당파를 형성해서 싸우는 사람들이라는 선입견이 있다. 선입견에서 벗어난 율곡 이이나 퇴계 이황 등 몇몇을 제외하고 제대로 된 선비를 알지 못했다. 조선 선비에 대한 부정적 평가는 학교에서 배운 것과 텔레비전 드라마가 만든 껍데기일 뿐이다.

오해하듯이 조선의 선비가 종을 부리며 편하게만 산 것은 아니다. 사회를 이끌어가는 윤리적 기준을 세우고 이를 실천하며 살아야 하는 부담감도 있었다. 일상을 글로 적고 생각하며 살았고 이를 남겼다. 우리가 퇴계와 고봉 간의 편지를 읽을 수 있는 것은 선비가 가졌던 삶의 자세 덕분이다.

독서를 하며 알게 된 조선의 선비는 선입견을 가지고 보는 선비와 너무 다르다. 독서로 조선 선비의 삶을 모두 재구성하고 이해할 수는 없는 일이다. 그러나 독서를 통해 조선 선비의 일그러진 모습에서 일말의 참모습을 찾아낼 수 있다.

21세기를 살면서 고리타분한 얘기를 한다고 말할 수 있다. 그렇다 해도 선비의 참모습을 닮고 싶다. 오히려 당시 선비들의 지적 수준에 비추어 21세기를 살아가는 내가 얼마나 부족한가를 생각할 뿐이다. 조선 선비의 삶을 그리워하는 까닭이다.

조선 선비처럼 살아가려면 어떤 준비가 필요한가를 생각한다. 첫째가 독서다. 조선 선비의 삶을 닮고 싶은 마음과 지적 호기심이 40대에 집중 독서를 시작하게 했다.

가지 않은 길을 가다

시골에서 살았기에 도서관이 없어 도서관에서 책을 빌려보는 습관이 내 몸에 익숙지 않았다. 연애 자금은 어떻게든 마련했지만, 자습서나 문제집, 전공 서적을 사는 것 말고는 쓸 돈이 없었다. 직장생활을 하면서부터 읽고 싶은 책을 쉽게 골라 사봤다. 도서관에서 빌려보는 일은 2000년 공주에 다시 살면서부터 가능해졌다. 이제는 대부분 인터넷 서점을 통해 책을 사 읽는다.

도올 김용옥의 《논어 한글 역주》와 《대학·학기 한글 역주》를 사 읽기 시작했다. 논어를 선택한 것은 군 제대 후 배우려다 마치지 못했고, 동양 사상을 알려면 논어가 시작이어야 했기 때문이다. 이전에 읽은 논어는 한글 번역만 있는 거라 물에 뜬 기름 같았다. 동양 고전을 제대로 읽어보자는 생각으로 시작했다.

도올의 《논어 한글 역주》는 Ⅰ, Ⅱ, Ⅲ권으로 통서인 '인류문명전관(人類文明全觀)'을 포함하여 약 1,800장 분량이다. 《논어 한글 역주》는 원문과 주희의 해석, 도올의 해석을 함께 싣고 있다. 저자 특유의 관점이 드러나 있어 내 생각과 견주는 재미가 있었다. 도올의 TV 강의처럼 흥미진진하지는 않았다. 멘토를 모시고 배우지 않고도 혼자서 익힐 수 있었다. 한국 사람이라면 누구나 논어 몇 구절은 외우거나 생활에서 활용한다. 마음에 특별히 와닿는 해석은 원문도 읽으려 애쓰며 읽었다. 읽는 속도는 느려도 마음에 오래 남기겠다 생각하며 읽었다. 읽었다기보다는 공부했다고 해야 할 듯하다. 책을 읽으며 메모한 양이 이후 어떤 책 보다도 많다.

할레드 호세이니의 소설도 닥치는 대로 읽었다. 눈에 띄는 대로 읽었다. 어떤 책이 재미있을까 생각하지도 않았다. 그렇게 한 해를 책과 함께 보냈다.

태안교육지원청에 근무하며 헤로도토스의《역사》를 읽었다.《역사》는 지리학 전공자에게 처음 소개되는 기본서다. 헤로도토스를 '지리학의 아버지'라고 한다. 역사학에서도 동등하게 대접한다. 대학 첫 학기에 헤로도토스를 알았다. 정작《역사》를 읽어보지도, 번역서가 있는지도 알려고 하지 않았다. 늦었지만 990여 쪽에 달하는《역사》를 읽었을 때 어깨의 짐 하나를 내려놓은 기분이었다. 학부에서 배운 "이집트는 나일강의 선물이다"라는 문장을《역사》에서 눈으로 확인하는 기쁨을 누렸다.

호머의 작품과 신화, 전쟁사, 명상록도 읽었다. 고전을 모두 읽으려 마음먹고 실행했다. 서양의 고전을 읽었다. 동양으로 옮겨 사마천의《사기 본기》,《사기 세가》,《사기 열전》을 읽었다. 될 수 있으면 동양과 서양의 비슷한 시대 작품을 읽으려고 애썼다.

책을 읽지 못한 아쉬움과 더 읽고 싶다는 욕망은 누구나 가지고 있지는 않을 것이다. 속담에 목마른 사람이 샘을 판다고 한다. 누군가는 이루지 못한 첫사랑이 아쉽다고 한다. 첫사랑 못지않게 읽지 못한 아쉬움이 독서를 하게 한다. 독서를 통해 세상일을 흑백논리로 판단하지 않고, 패러다임의 변화를 알아채고 싶다. 호기심을 채워가며, 나를 내 삶의 선장으로 만들고 싶다.

삶의 변화를 위해서

학교에서 세상을 살아갈 기초를 가르친다. 세상은 변하고 삶은 단순하지도, 행복하지만도 않다. 교과서에서 배운 것만으로 세상을 헤쳐나갈 수 없다.

멈추지 않고 배우는 사람이 늘 새로운 세상을 만난다. 삶, 역사, 사회, 종교, 복지 등 책을 읽어 세상을 보는 눈을 뜬다. 새로운 사실, 가려진 진실을 알고, 세상의 일을 보는 태도가 바뀐다. 인생을 보는 관점이 생긴다. 고통을 이겨내는 힘을 키운다. 삶이 변한다.

1,000권 이상 책을 읽었지만, 그중에 반은 대부분 제대로 기억하지 못한다. 읽고 나면 잊히기 때문이다. 500여 권은 읽고, 독서 노트에 적었다. 독서 노트에 기록하니 오래도록 기억할 수 있다. 페이스북에 적어 공유도 한다. 산책하며 읽은 내용을 생각한다. 적어 두

었던 생각이 뒤섞여 아이디어가 된다. '생각의 융합'을 경험한다. 융합된 생각은 조언이 되고 해결책으로 떠오른다. 예를 들어 말할 수 있으니 기쁘다. 제대로 읽은 책은 온전히 내 것이다.

독서를 쉼으로 생각하는 사람도 있다. 제대로 책을 읽자는 태도로 읽으니 독서는 쉼이 아니라 배움이었다.

여러 독서법 책이 있지만, 이론에 치우쳐 있다. 맞는 방법은 자신이 찾아야 한다. 제대로 읽기, 꼬리를 무는 책 읽기, 지도책 펴고 읽기, 마인드맵 그리기 방법으로 책을 읽었다. 책을 읽어 생긴 변화와 관점을 글로 표현하고 독서의 경험을 소개했다. 독서를 통한 삶의 변화, 나만의 독서법, 40대 이후의 독서에 대해 생각을 밝혔다.

'학창시절에 책을 많이 읽어야 한다'라는 말은 이상에 가깝다. 현실에서는, 학생들이 책을 읽을 만큼 이 사회가 여유를 주지 않는다. 학교 공부만 하기도 바쁘고, 취업 준비로 바쁜데 책을 읽으라 권하기 미안하다.

수년간 경험해보니 학창시절보다 직장을 잡고 난 이후가 책을 읽기에 훨씬 좋다. 책을 살 수 있는 여건이 되고, 충분하지 않아도 시간을 내서 책을 읽을 수 있었다. 독서 시간이 부족하다는 사람에게 시간을 확보한 경험을 알려줄 수 있다. '폐문 독서'는 직장 때문에 홀로 지내는 사람에게 멋진 경험이 될 것으로 생각한다.

공부와 독서는 별개다. 공부 잘한다고 꼭 독서를 잘하는 것은 아니다. 학창시절 공부를 잘하지 못했더라도 독서를 통한 지식과 의식의 확장은 온전히 개인의 노력에 달려 있다. 독서는 삶의 기쁨을 되새겨주고, 존재의 의미를 생각하게 한다. 독서는 단단한 나를 만드는 생각의 도구다.

독서를 하면 생각이 바뀌고, 새로운 사실을 알 수 있고, 볼 수 없던 세계를 보게 된다. 그리하여 다양한 관점을 가지게 되고 궁극적으로는 삶에 변화를 만들어낸다. 이 책에는 내가 오랫동안 책을 읽으며 느낀 점과 변화의 과정을 오롯이 담았다. 책 읽는 기술과 요령도 담았다. 독자의 삶에 작은 자극이나마 될 수 있기를 바란다.

노충덕

1부

독서로 말하라

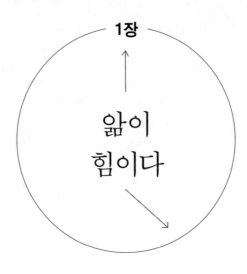

1장

앎이
힘이다

살아가면서 절실해지는 것들

'잘 물든 단풍은 봄꽃보다 아름답다.'

법륜 스님이 지은《인생 수업》의 6장 제목이다.

단풍과 봄꽃을 견준다. 봄꽃은 겨울을 버텨내고 핀다. 겨울을 버
텨냄보다 또 다른 시작을 알림에 더 의미를 둔다. 봄꽃은 봄이라는
새로운 계절을 담고 있지만 아름다움도 품고 있다. 새로움과 아름
다움은 젊음의 메타포다. 단풍은 가을에 물든다. 가을은 수확이란
기쁨이 있지만 찬 서리와 긴 겨울을 맞아야 한다. 가을은 혹독함을
견딜 준비 기간이다. 가을은 나이 들어감을 은유한다.

'잘 물든 단풍은 봄꽃보다 아름답다'는 잘 나이 들어감은 젊음보다 아름다울 수 있다는 희망이다. '잘'이라는 조건이 따라야 한다. '물든 단풍은 봄꽃보다 아름답다'와 '잘 물든 단풍은 봄꽃보다 아름답다'는 '잘'이란 한 글자로 하늘과 땅의 차이를 만든다. 나이 들어가는 것이 젊음보다 아름답다는 절대 성립할 수 없다. 직장에서 신입자에게 내 인생과 당신 인생을 바꿀 수 있다면 바꿀 수 있겠냐고 물어보시라. 100퍼센트 신입자가 거부한다. 이렇게 묻는 사람이 꼰대다.

'청춘'이란 단어가 국어 교과서에서 배운 '신록 예찬'을 떠오르게 한다. 가슴 뛰게 하던 〈신록 예찬〉은 이양하란 분의 수필이다. 사회 초년 시절 사오십 대 선배들은 우릴 보면 "젊어서 좋겠다. 나랑 바꾸자"라는 등 실없는 소릴 해댔다. 입 밖으로 내놓지 못했지만 "내 젊음을 왜 당신과 바꿔요"라고 쏘아붙이고 싶었다. 연륜이 쌓이고 십여 년 전부터 '신규 교사와 내 인생을 바꾸지 않는다', '현재 내가 좋다. 나에게 만족한다'고 말한다. 그 생각은 지금도 변하지 않는다.

나이 40이 되고 바쁘게 살다 보면 금방 50이 된다. 나이가 들어갈수록 세월 가는 속도가 빠르다고 하지 않는가. 부정할 수 없는 사실이다. 더 늦기 전에 아무리 바빠도 '잘'이란 한 글자를 제대로 채워야 한다. '잘'을 잘 채우면 신입자에게 인생을 바꾸자는 실없는 농담을 하지 않아도 된다. 오히려 신입자와 후배들이 "선배가 내 인생 롤모델입니다", "어떻게 선배는 그렇게도 넉넉하고, 잘 해내십니까?"라며 다가온다. 어떻게 '잘'이란 글자에 무엇을 담을까 생각한다.

나이 40이라면 직장 내 베이비붐 세대나 부모님 세대와 견주어 보라. 부모님 세대는 물론이고 베이비붐 세대도 고생하며 성장했다. 부모님 세대는 식민지 경험, 전쟁, 배고픔으로 삶이 고난의 연속이었다. 베이비 붐 세대는 굶지는 않았다. 맛있는 음식을 부모에게 사달라고 말하기 어려운 시대를 살았다. 먼 나라로 가신 아버지께서 언젠가 하신 말씀이다.

"시방 우리가 먹는 정도면 조선시대 왕도 부럽지 않다."

우리 윗세대들이 억울하고 힘들어도 열심히 살아준 덕분이다. 세계 190여 개 나라 중에서 열 번째 내외로 소득이 높은 나라다. 지구가 망할 때까지 우리나라가 요만큼만 잘 산다면, 더 바라지 않아도 좋겠다고 생각한다.

40대 초반이면 직장생활 15년 안팎으로 경험이 생긴다. 결혼을 했다면 자녀가 중학생쯤이다. 봉급생활자거나 자영업자거나 비슷한 여건일 테다. 자영업을 한다면 이젠 터를 잡았을 시기다. 공무원이나 직장생활자는 안정된 직장생활을 하는 중이다. 40, 50에 명예퇴직을 당한다는 대기업을 제외하면 승진을 앞둔 시기일 듯하다. 입사 초기 박봉에 견주면 봉급도 올랐을 터다. 흥청망청 쓰지 않았다면 지갑이 텅 비지 않는다. 안정된 직장과 경제적인 여유가 조금씩 커가는 시기다. 지방직이든 국가직이든 공무원이라면 40대 초중반이 변곡점이다. 다수는 승진을 고려하지 않는 직장생활을 하기로 해야 한다. 이미 사무관으로 승진했거나 승진시험을 위해 인사고과를 관리하는 상황이다. 교직 사회를 예를 들어본다. 준비해온 초등학교 교사는 40대 초반이면 교감 자격연수를 받는다. 중·고등학교 교사도 40대 중반이면 교감 자격연수를 받는다. 일반직 공무원도 40대 초중반이면 사무관이 된다. 승진하든 하지 않기로 했든 결정하고 나면 마음의 여유가 생긴다.

경제적으로 너무 힘들지 않고, 안정된 직장에서 마음의 여유를 가질 수 있는 시기가 40대다. '잘' 이란 걸 생각해야 할 시기다. '잘 물든 단풍은 봄꽃보다 아름답다' 를 증명하려고 준비해야 할 시기다. 무엇을 어떻게 해야 할까?

가족을 부양하고, 개인의 성숙을 위해 노력하고, 사회적 책임을 저야 하는 시기로 본다. 가족 부양을 위해 자영업을 한다면 신뢰를 주는 영업으로 이익을 내야 한다. 봉급생활자라면 봉급이 끊기지 않도록 해야 한다. 잘못에 연루되어 직장을 잃거나, 능력이나 인간관계가 원활하지 못해 직장을 타의로 그만두지 않아야 한다. 사회적 책임이란 사회가 바람직한 방향으로 발전할 수 있도록 공정한 가치관을 갖고 행동해야 한다. 인터넷에 '꼰대가 되지 않는 법' 이란 주제로 돌아다니는 글을 외워도 몸에 배지 않으면 쓸모없다.

성숙한 삶을 위한 내향적인 공부

개인의 성숙을 위해 무엇을 할까? 누구나 여러 가지로 고민하고 실천한다.

첫째로, 가정에서 모범이 되는 모습을 보일 수 있어야 한다. 빠르면 고등학생만 되어도 자녀가 가정을 떠나 기숙사로 간다. 그때가 되면 이미 자녀교육의 단계를 지난다. 자녀가 가정을 떠나기 전에 부모의 모습을 제대로 보여주어야 한다. 한국 사회는 담배보다 술에 관대하다. 사회생활을 위해 술을 마신다. 술 마시기는 담배보다 기회비용이 더 든다. 시간과 돈만이 아니다. 술에 취한 모습으로 퇴근해 횡설수설하는 모습을 자주 보이면 자녀 교육에 해가 된다.

둘째, 다른 사람과 견주지 말고 자신의 어제 오늘을 견주어 스트레스를 주거나 받지 말아야 한다.

셋째, 직장에서는 다른 사람의 의견도 들을 수 있어야 한다. 40대면 기획안과 사업보고서를 작성하며 애를 쓰는 수준을 이미 넘어서야 한다. 후배들의 사고방식과 일 처리를 판단할 수 있어야 한다. 논란이 되는 사항을 결정하려면 자료를 모아 토론을 주재하고 해결책을 내놓을 수 있어야 한다.

자녀의 롤 모델이 되고, 직장에서 기대되는 역할을 다하고, 자신의 가치와 인생이 아우라를 풍기는 40대가 되어야 한다. 학원에서 가르치지 않는다. 인터넷 강의로 배울 수 없고 좋아하는 술자리가 해결해주지 못한다. 경제적 여유, 안정된 직장, 마음의 여유가 생기는 40대라면 미루지 말고 독서를 시작해야 한다. 책에서 수많은 인생 현자가 기다리고 있다.

독서는 40대라면 시도해야 할 중요한 프로젝트다. 50대에도 지속해야 할 인생 과업이다. 독서로 '잘' 물든 단풍을 만들 수 있다. 봄꽃보다 아름다운 잘 물든 단풍은 독서만 한 것이 없다. 경험했기에 말할 수 있다. 중·고등학교 시절에 얼마나 책을 읽었는가? 대학 생활하면서 확고한 인생관, 바람직한 가치관을 세웠는가? 취업해서 신입자로 업무를 배우고 결혼하고 어린아이를 키우느라 책을 읽을 엄두를 내지 못했다. 학창시절에 책을 읽어야지 나이 40, 50에 무슨 독서냐고 핑계 대지 말아야 한다.

나는 40대 초반에 집중 독서를 시작했다. 업무를 추진하면서도 책을 놓지 않았다. 학창시절에 책을 읽을 형편이 어려웠던 이유 때문만은 아니다. 부족함을 느끼며 채울 방법으로 선택한 일이다. 이제는 봉급 일부를 떼어 책을 사는 일은 월중행사다. 택배로 배달된 것 중에서 책보다 더 가치 있는 것은 없다. 책은 누군가에게는 이삿짐이지만 누군가에게는 가족이고 귀중한 보물의 가치를 가진다.

독서로 자신이 알지 못했던 걸 깨닫고, 관점이 바뀌거나, 다양한 관점에서 공정한 시각을 찾아낼 수 있다. 독서는 자신을 만들어간다. 살다 보면 높낮이가 있다. 인생은 고통과 의미 있는 모험을 하는 오디세이 서사시다. 독서는 우리가 잘 나갈 때 "메멘토 모리(Memento Mori!)"를 외쳐 준다. '오늘은 개선장군이지만, 너도 언젠가는 죽는다. 그러니 겸손하게 행동하라'는 의미다. 잘 안 될 때 독서에서 위안을 찾을 수 있다. 수많은 아포리즘이 상처를 아물게 하고 넘어진 자신을 일으켜 세울 수 있다.

40대에 독서를 인생의 프로젝트로 설정할 근거는 또 있다. '시애틀 종단 연구'라는 게 있다. 인간의 창의력은 25세에 정점에 이른 다는 연구 결과다. 젊은이가 우쭐할 수 있다. 미국 워싱턴대 셰리 윌리스 교수와 워너 샤이 교수는 1956년부터 50년 넘게 수천 명을 추적 조사했다. 시애틀 종단 연구 결과는 귀납적 추리 능력과 공간 지각 능력이 46세, 어휘 능력과 언어 기억 능력이 60세에 최고라고 한다. 다른 사람의 눈에서 심리 상태를 읽는 능력은 40, 50대에 최 고 수준에 이른다. 40, 50대가 젊은이에게 떨어지는 능력은 창의 력, 기억력, 이미지 처리속도와 암산 능력뿐이다. 책을 읽는데 필 요한 언어 기억 능력, 어휘 능력, 귀납적 추리 능력은 40, 50대가 20 대보다 훨씬 뛰어나다. 학창시절에 철학책을 읽으며 느꼈던 어려 움을 통계적으로 위안받을 수 있다.

"철학, 종교, 문학, 심리학 등에 관한 이해는 어린 나이에 한계가 있게 마련이며…… (중략) 30, 40대가 기억력보다 이해력에 의존함 므로 고등학교나 대학 시절보다 훨씬 배우기 적합하며 많은 경우 일반적인 관심도 격정적인 젊은 시절보다 나이가 지긋할 때 더욱 큰 것이다."

이는 시애틀 종단 연구보다 앞서 이미 《건전한 사회》에서 에리히 프롬이 경험적으로 밝힌 것이다.

삶이 바쁘다는 사실과 퇴근 후 모임이라는 현실을 무시할 수 없다. 그만큼, 40, 50대 독서가 봄꽃보다 아름다운 잘 물든 단풍을 만들 시기란 당위도 가볍게 보아서는 안 된다. 누구에게나 똑같이 하루는 24시간이다. 독서를 위해 시간을 빼내 자신을 살찌게 하고 변화시킬 힘은 누구에게 있을까? 문제는 선택하는 자의 몫이다.

2장

나를 발견하고 키우는 방법

아침 독서로 시작

알람이 울리지 않아도 눈을 뜬 새벽 5시 34분이다. 생각을 바꾸니 아내와 내가 늦잠을 즐기고 깰 때까지 3시간에서 4시간은 혼자만의 시간이다. 무엇을 할까. 거실로 나온다. 밖은 어둡다. 스탠드 불을 켠다. 언젠가 사 둔 책을 펴본다. 책을 읽는다. 아침 독서다. 내 인생에서 처음 맛보는 나만의 독서다. 때로는 커피라도 즐기면서 책을 읽는다. 새벽잠이 줄어드는 40대. 줄어든 새벽, 잠자던 시간을 온전히 독서 시간으로 바꾼다. 바꾼 생각이 책을 읽는 행동으로 바뀌는 데 오랜 시간이 필요하지 않다. 마음먹기에 달린 일이다.

토요일, 일요일은 반복된다. 가끔 공휴일도 있다. 연차도 있다. 반복되는 아침 독서는 유쾌한 습관이 된다.

책을 읽다가 쌀을 씻어 밥을 짓는 일도 할 수 있다. 밥을 씻어 짓는 데 5분 이상이 필요하지 않다. 일찍 일어난 남편, 아내의 아침밥 짓기는 아내에게, 남편에게 보내는 사랑의 물적 증거다.

아침 독서와 밥 짓기는 쉬는 날 아침 집안 분위기를 긍정적으로 바꾼다. 이때부터 어떤 책을 읽을 것인가 생각한다. 책에서 멘토를 만나고 수많은 격언이 나를 깨우친다. 아름다운 문장이 무뎌진 감성을 깨운다. 혼자 있는 아침 시간은 바쁜 직장생활로 생각지 못했던 일들도 떠올린다. 아쉬웠던 일과 후회되는 일이 생각난다면 어떻게 복원할까 생각할 수 있다.

새벽잠이 줄어든 40대, 50대에게 쉬는 날 아침 독서는 새로운 발견이다. 내 삶과 관계없으리라 여겼던 삶의 영역이 확장된다. 새 옷, 새 차를 살 때 느낌처럼 만족스럽다. 쉬는 날 아침 독서가 습관이 되면 출근해야 하는 날에도 책을 읽을 시간을 만들 수 있다. 하루에 아침 1시간 정도의 시간은 충분하게 독서시간으로 만들 수 있다. 아침 독서에 재미를 붙이면 직장에서 쉬는 시간을 책 읽는 시간으로 바꾸기가 쉽다.

3년, 4년, 해가 더해 갈수록 아침 독서로 만든 삶의 충만함은 더 커간다. 이제는 50대, 60대에도, 시력만 허락한다면 아침 독서는 우리 삶의 중요한 영역이 될 수 있다. 중국을 통일한 마오쩌둥은 죽는 날에도 독서를 했다. 보나파르트 나폴레옹은 전쟁터에 책을 싣고 다녔다. 아침 독서가 특별한 사람만의 일이 아니다. 누구에게나 똑같이 주어진 24시간이다.

줄어든 새벽잠 시간을 온전히 독서의 시간으로 만드는 일은 선택하는 사람의 것이다. 20대, 30대가 시도하기는 고통스러울 수 있으나 40대, 50대에게는 자연스러운 일이 될 수 있다.

지식도 관리가 필요하다

40대 후반이나 50대 초반이 되면 집에 부부와 함께하는 시간이 길어진다. 자식이 외지에 있는 대학에 진학하고, 군에 입대하면 자녀와 함께 사는 시간은 없다고 봐야 한다. 고시원에서 취업 준비하는 자녀가 있어도 마찬가지다. 해외 유학을 갔거나, 타지에 취업하거나, 파견을 나갔을 수도 있다. 부모와 떨어져 사는 시기는 자녀가 기숙사가 있는 고등학교에 입학하면 40대 초반까지 빨라진다.

여러 가지 상황은 집에 부부만 남게 만든다. 부부만 사는 집에서 퇴근 후에 무엇을 하며 지내는가. 취미 생활이나 운동을 한다. 특별한 취미가 없거나 일에 지쳐 TV 드라마를 보기도 한다. TV를 보거나 인터넷으로 보내는 시간이 길다. 며칠간이라면 문제 삼을 일이 아니다. 그러나 10년, 20년, 이후로도 같은 패턴으로 생활한다고 생각하면 의미 있는 시간이라고 할 수 없다.

직장 때문에 부부가 떨어져 살고 있는 사람도 많다. 주말이면 집에 간다는 생각에 들뜨지만, 주중에는 홀로 살아야 한다. 홀로 생활하는 기간에 무엇을 하는가? 아내나 남편이 없으니 자유로움을 만끽한다고만 할 수 없다. 외로운 생활이다. 생각을 바꾸면 자신만을 위해 투자할 수 있는 시간이다.

슬프지만 받아들일 수밖에 없는 사실은 체력이 예전 같지 않다는 것이다. 눈에 띄지 않게 체력이 약해진다. 20~30대에는 야근을 해도 거뜬했다. 새벽까지 일해도 잠시 눈을 붙이면 다음 날 근무에 큰 지장이 없었다. 반복했던 야근과 운동할 수 있는 시간을 챙기지 못한 과거가 낳은 결과다. 물론 아직도 70대 초반인데도 테니스 동호회 활동을 할 정도로 체력을 유지하는 사람도 있다. 개인별 체력은 정도가 다르다. 일반적으로 나이가 들어감에 따라 체력이 약해지는 것은 부인할 수 없다.

부부만 사는 시간이 길어지고, 홀로 살아야 하거나 체력이 떨어질 때는 독서만 한 게 없다.

사람마다 취향이 다르다. 독서가 누구에게는 취향일 수 있지만, 누구에게는 책을 펴기만 해도 졸음이 쏟아지는 수면제다. 취향은 강요할 수 있는 일이 아니다. 말 그대로 좋아야 할 수 있다.

일본인 와다 히데끼는 최근 번역된 《마흔, 혼자 공부를 시작했다》에서 경험을 풀어놓는다. 마흔에 새로운 인생을 시작했다고 고백한다. 오랫동안 손 놓았던 공부를 다시 시작했다며 시행착오 경험을 공개한다. 지금껏 해보지 못했으나 좋아하는 것을 원하는 만큼, 원하는 속도로 배울 수 있어 좋단다. 학창시절에 읽지 못했던 책을 찾아 읽어보면 어떨까. 베스트셀러를 읽어보거나 시집을 사 읽어보는 것은 어떨까. 관리자가 될 예정이라면 리더십에 관한 책을 읽어도 좋겠다.

나이가 들면 모든 일을 경험에 따라 결정하기가 쉽다. 사회가 변하는데 과거의 경험만이 해결책일 수 없다. 사회가 어떻게 변하는지 알아야 한다. 시대정신도 알아챌 수 있으면 좋다. 독서로 변화하는 사회를 파악해야 한다. 과거의 경험과 독서로 자신을 새롭게 만들고 대처해야 한다. 홀로 지내는 시간은 일탈의 시간이 되기 쉽다. 자신을 탄탄하게 만드는 시간이어야 한다.

나이가 들수록 지혜로움을 찾아야 한다

1990년대 초에 '똑부, 멍부, 똑게, 멍게' 라는 유머가 돌아다녔다. 똑부는 똑똑하고 부지런한 상사, 멍부는 멍청하지만 부지런한 상사, 똑게는 똑똑하지만 게으른 상사, 멍게는 멍청하고 게으른 상사다. 어떤 상사를 모시는 것이 가장 피곤할까, 어떤 상사를 모시면 내가 편할까, 현재 우리 상사는 네 가지 중 어떤 타입인가를 두고 뒷 담화를 했었다.

나이가 들면 상사가 될 가능성이 많아진다. 상사가 아니더라도 선배가 된다. 관리자가 되면 입을 닫고 지갑을 열어야 한다고 한다. 지갑을 열어 돈을 쓰면 누구나 반긴다. 돈이 있어야 가능한 일이다. 입을 닫는 일은 누구에게나 가능한 일이 아니다. 입을 닫는다는 것이 나 몰라라 방관하라는 뜻이 아니다. 아무 말 대잔치를 벌이지 말아야 한다는 뜻이다. 아무 말 잔치를 벌이면 듣는 사람이 없을 뿐 아니라 의사를 제대로 전달할 수 없다. 일의 효율도 기대할 수 없다. 말은 하되 필요한 때에 적절한 장소에서 적합하게 해야 한다는 의미다.

필요한 말, 적절 적합한 말을 하는 것이 쉬운 게 아니다. 말하기 전에 왜 말을 해야 하는지 필요성을 느껴야 한다. 말을 하면 어떤 목적을 이룰 수 있을 것인가도 생각해야 한다. 실태를 파악하고, 어떤 말을 할 것인가 판단해야 한다. 순식간에, 혹은 짧은 시간에 판단하기 위해서는 지혜가 있어야 한다. 지혜는 나이가 든다고 저절로 생기지 않는다. 지혜는 지식을 토대로 한다. 지식이 쌓여 지식 간에 융합이 일어나야 지혜가 생긴다. 지혜로운 관리자, 지혜로운 상급자, 지혜로운 선배는 말 한마디로 좌중을 평정하고 일을 효율적으로 진행할 수 있다. 결국, 지혜를 얻기 위해서 노력해야 한다.

사람의 일이란 옛날이나 지금이나 서양이나 동양이나 기본, 본질은 다르지 않다. 기본과 본질을 고민했던 현자들을 만나 배워야 한다. 어떻게 현자나 멘토를 만나는가? 답은 독서다. 독서를 통해 지식을 배우고 지혜의 힘을 키워야 한다. 직장 상사의 삶을 눈치로 배워 그대로 후배나 부하직원을 대하기 쉽다. 멍청한데 부지런한 상사, 멍청하고 게으른 상사라는 평가를 받기 쉽다. 믿고 따를 수 있는 선배, 상사, 관리자가 되도록 노력해야 한다.

독서를 통해 지혜로워져야 한다. 지혜로울 때 다른 사람의 의견을 들을 수 있다. 아무 말 잔치를 하지 않아도 된다. 자신의 경험과 판단만이 최고라고 생각해 일을 밀어붙이는 사람이 얼마나 흔한가. 독선과 아집으로 뭉쳤다는 평가를 받는 일이 좋은 일이 아니다.

40대 이후가 인생의 황금기다. 독서로 황금기를 맞이하고 기간도 연장할 수 있다.

구성원으로써 사회적 책임을 져야한다

삶은 나이 들수록 고독해진다고 한다.

작은 부서, 기관, 기업부터 큰 부서, 기관, 기업까지 관리나 경영하는 일은 좋기만 한 일은 아니란다. 여러 절차와 과정을 거쳐 협의하지만, 최종 결정은 홀로 내려야 한다. 실패할 수도 있고 효과가 기대치보다 작을 수 있다. 그래서 고독하다고 한다. 한 걸음 더 나아가면 우리는 사회 구성원이다. 우리가 소속된 사회가 나가는 방향과 관계없이 살 수 없다.

자신의 목표가 자신의 인생을 만들어가듯 사회의 목표가 사회를 만들어간다. 가난하던 시절에는 가족을 부양하는 것이 목표였다. 이제는 개인의 목표와 함께 우리가 사는 사회의 목표에 관심을 가져야 할 때다. 사회 구성원이 차별받지 않고 평등한 조건과 환경에서 자유롭게 살아가며, 나보다 약한 사람과 함께 사는 사회여야 한다. 독재 시절에는 억압된 자유를 찾는 것이 목표였다. 학생과 시민들이 자유를 위해 땀과 피를 흘렸다. 사회의 변화에 참여했던 경험 덕분에 자유로운 사회에서 살고 있다. 자유를 지키고 보다 평등 조건과 환경을 만들어 사회적 약자도 함께 살 수 있어야 한다.

정의롭지 못함에 분노하고, 정의로운 결과를 위해 참여하는 시대를 만들어야 한다. 이미 2016년 겨울에 분노를 아름다운 참여로 바꾸는 경험을 했다. 이게 나라냐며 나라다운 나라를 만들자던 촛불 집회는 우리 사회의 자산이 됐다. 에버트 상이 가진 의미는 노벨상 못지않다. 나이 든 세대의 몫이라고 말하는 것이 아니다. 인구구성으로 볼 때 40대, 50대 이후의 중년층과 노년층의 수가 많아지는 시대로 가고 있다. 사회의 생산성을 유지하는 것이 젊음의 몫이라면, 사회의 건전성은 젊음에게만 맡겨두지 말아야 한다. 사회의 건전성은 목소리를 내야 한다. 분노하고 참여할 줄 알아야 한다. 분노를 건전한 참여로 만들기 위해서라도 책을 읽어야 한다.

어린 시절 라디오에서 밤 10시만 되면 나왔던 고정 멘트다.

"사랑의 종이 울리는 밤 10시입니다. 청소년 여러분 이제 집으로 돌아갑시다. 일찍 집으로 돌아가는 것은 자신을 위한 일이며 부모님께 효도하는 길입니다"

패러디해 본다.

"책 읽기 딱 좋은 나이입니다. 40대, 50대 여러분 이제 독서를 시작합시다. 독서를 한다는 것은 자신을 찾아가는 길이며 자녀에게 부모 노릇 하는 일입니다"

2부

목적이 있는 독서 로드맵

3장

언제 무엇을 읽는가

언제 읽는가

《논어》에 "알기만 하는 사람은 좋아하는 사람만 못 하고, 좋아하기만 하는 사람은 즐기는 사람만 못 하다(知之者 不如好之者 好之者 不如樂之者)"고 한다. 책읽기를 좋아하는 독서가로 樂之者 흉내라도 내고 싶은 욕심을 부린다.

"에이~, 직장생활을 하며 좋은 책을 골라 마음의 양식, 지혜를 쌓는 일이 어디 가능한 일인가요?"

맞기도 하고 틀리기도 하다. 많은 사람이 직장생활 하면서 책을 읽는다는 것은 시간이 없어 몹시 어려운 일이란다. 독서가 좋은 것은 알지만, 한가한 사람에게나 해당한다고 말하기 쉽다. 되묻고 싶다. 마이크로소프트의 빌 게이츠, 중국을 통일한 마오쩌둥, 버락 오바마 미국 대통령이 한가한 사람이던가?

《오직 독서뿐》에서 홍길주는 "한 권의 책을 다 읽을 만큼 길게 한가한 때를 기다린 뒤에야 책을 편다면 평생 가도 책을 읽을 만한 날은 없다. 비록 아주 바쁜 중에도 한 글자를 읽을 만한 틈만 있으면 문득 한 글자라도 읽는 것이 옳다"고 사색과 깨달음의 독서에 대해 말한다.

독일 프랑크푸르트 역 벤치에서 머리칼은 백발임에도 버버리를 입고 안경을 코끝에 걸친 채 책 읽던 노부인을 떠올린다. 십수 년 전 독일에서 규칙과 질서보다 노부인을 통해 언제 어디서나 책을 읽는 모습을 배웠다.

시간은 쪼개낼 수 있다. 출장을 마친 자투리 시간, 주중 새벽과 퇴근 후 시간, 주말, 직장 근무 중 쉬는 시간, 독서휴가 기간에 책을 읽는다.

무엇을 읽는가

사람마다 취향이 다르다. 읽을 책을 고르는 일도 마찬가지다. 학생 손에 쉽게 닿는 책이 있고, 직장인이 고르는 책이 다르다. 여성과 남성이 가진 독서 취향도 다르다. 어떤 사람은 소설과 역사서를 읽고 싶어하고, 에세이를 싫어하거나 고전이나 신간만 찾는 사람도 있다. 책 읽는 모습을 보고 직장 상사나 동료가 책을 추천해달라고 하면 곤란하다. 독서 취향이 다르기 때문이다.

20여 년간 학생을 가르치는 일을 직업으로 삼았기에 어떤 책을 읽을 것인가에 대해 나름의 기준이 있다.

첫째, 세계사, 국사 교과서에 실린 책은 대부분 읽는다.

둘째, 독서가가 추천한 책을 읽는다.

셋째, 국회도서관이나 출판사 서평을 보고 읽을 책을 고른다.

넷째, 실용도서를 읽는다.

다섯째, 책 속에서 책을 찾는다.

여섯째, 세계 유명 대학이 선정한 책을 찾아 읽는다.

세계사 교과서에 실린 책은 오랜 세월에 걸쳐 동서양의 많은 사람이 읽어 평가한 책이다. 인류사 발전에 이바지한 내용이거나 새로운 세상을 만든 획을 긋는 가치를 지닌 거다. 서사시와 역사서, 경전, 여행기, 소설 등은 세계 최초이거나 최고 수준이거나 인류사에 큰 영향을 주었다. 그렇기에 고전이라고 평가한다. 수천, 수백 년 전에 썼으니 현실 감각이 떨어진다거나 어렵다는 선입견으로 선택받지 못하기도 한다. 오히려 21세기 베스트셀러보다 많은 사람이 읽었다. 사람과 삶, 정신세계를 다루는 내용은 예전과 크게 다르지 않기 때문이다.

독일 철학자 카를 야스퍼스가 '축의 시대(Axial Age)' 라고 부른 시기는 인류의 정신적 발전에 중심축을 이룬다. 축의 시대의 통찰을 넘어선 적이 없다고까지 말한다. 축의 시대는 기원전 900년부터 기원전 200년 사이다. 공자와 소크라테스가 축의 시대에 활동하며 남긴 생각과 글은 현재도 유효하다. 세계사 수업에서 다룬 책은 축의 시대 산물이라 선택해도 후회하지 않을 책이다. 학창시절 배운 기억과 중학교 사회를 20년간 가르친 교과서에 나오는 책이다.

일리아스, 오디세이, 역사, 게르마니아, 갈리아 원정기, 명상록, 펠로폰네소스 전쟁사. 페르시아 전쟁사, 신학대전, 아서왕이야기, 롤랑의 노래, 니벨룽겐의 노래, 신곡, 데카메론, 유토피아, 우신예찬, 돈키호테, 자유론, 법의 정신, 리바이어던, 세익스피어 작품, 플라톤의 국가, 순수 이성 비판, 소크라테스의 변명, 주홍글씨, 코란, 발해고, 플루타르크 영웅전, 아Q정전, 인구론, 국부론, 삼국사기, 삼국유사, 난중일기, 열하일기, 계원필경, 화랑세기, 왕오천축국전, 동국이상국집, 직지심경, 반계수록, 임원경제지, 동사강목......

2017학년도 검정 중학교 사회 교과서 세계사 영역에 실린 책이다(출판사마다 조금 차이가 있다). 대부분 국내에서 출간되는 책이다. 교과서에 실린 책을 과거와 견주어보면 2017학년도 중학교 사회 교과서에 《길가메시 서사시》, 《마하바라타와 라마야나》, 《대월사기》가 새로 실렸다.

길가메시 서사시, 한서, 삼국지(위서, 오서, 촉서), 유교 경전(논어, 맹자, 중용, 대학 등), 사기, 불경, 일리아스, 오디세이, 역사, 펠로폰네소스 전쟁사, 로마법, 오경정의, 서유기, 이백의 시, 마하바라타, 라마야나, 아라비안나이트, 신학대전, 아서왕 이야기, 롤랑의 노래, 자치통감, 동방견문록, 삼국지연의, 홍무룡, 대월사기, 우신예찬, 유토피아, 돈키호테……

국사 교과서에 실린 책도 같은 맥락이다. 다만 한글로 번역한 책을 쉽게 구하기 어렵다. 출간하지 않은 책은 한국고전종합DB(한국고전번역원에서 운영)를 검색하면 일부분이나마 정보를 알 수 있다. 2017학년도 국사 교과서에 실린 책이다. 한글 번역 후 출간 여부를 확인해보니 법전과 중국 역사서, 의학 서적을 빼면 사볼 수 있다. (×)는 출간되지 않은 책이다.

삼국사기, 삼국유사, 송서(×), 양서(×), 계원필경, 화랑세기, 왕오천축국전, 동국이상국집, 직지심체요절, 이규보(동명왕편), 이승휴(제왕운기), 사략(이제현)(×), 경국대전, 소학, 국조오례의, 삼강행실도, 고려사, 고려사절요, 조선왕조실록, 팔도지리지(×), 동국여지승람, 농사직설, 향약집성방, 의방유취(×), 여씨향약, 주자가례, 성학십도, 성학집요, 난중일기, 동의보감, 비변사등록, 속대전, 동국문헌비고(×), 대전통편(×), 허생전, 성호사설, 경세유표, 목민심서, 흠흠신서, 곽우록, 열하일기, 반계수록, 북학의, 동사강목, 발해고, 택리지, 언문지, 지봉유설, 동의보감, 임원경제지, 농가집성(×), 홍길동전, 흥부전, 춘향전, 심청전, 양반전, 허생전, 호질, 정감록, 천주실의, 동경대전, 용담유사⋯⋯

'독서가가 추천한 책'을 사 읽는 방법도 있다. 책을 읽다 보면 독서가가 추천하는 책을 여럿 찾을 수 있다. 이 방법은 취향이 맞는 독서가를 만날 때 빛을 본다. 부록으로 안내하는 경우 취향에 맞는 여러 권을 소개받는다.

《나는 이런 책을 읽어 왔다》를 살 때는 일본의 저명한 독서가, 저술가는 어떤 책을 읽었을까 궁금했다. 제목에서 밝힌 것처럼 답이 있을 것으로 생각했다. 저자의 책 읽기 목록과 순서는 알 수 없었다. 대신 책을 읽는다는 것이 어떤 의미를 담는 것이며, 다양한 길이 있음과 저자의 넓고 깊은 독서력에 감탄한다.

《인문학은 밥이다》는 글자 크기와 630여 쪽 분량이 질겁하게 하지만 무슨 책을 읽겠느냐는 고민을 한참이나 덜어준다. 11개의 장마다 10여 권의 읽어볼 책들을 소개하며 주요 내용과 의의를 밝혀 독자의 선택을 도와준다. 인문학을 시도한다거나 독서를 막 시작하는 사람에게 딱 좋은 책이다. 취향이 다르더라도 눈길을 끄는 다른 분야 책을 소개받을 수 있다.

'국회도서관이나 출판사 서평을 보고' 책을 고르면 목차도 보고 살 책을 선택할 수 있다. 어떤 책을 읽어야 할지 망설이는 사람에게 도움이 될 방법이다.

《책을 읽을 자유》는 600여 쪽에 달하는 서평집이다. 어떤 묶음에서는 사르트르의 지식인에 대한 정의가 웃음 나고 끄덕이게 한다. 고전을 왜 읽는가, 행복이란 무엇인가, 인간의 본성에 대하여, 번역하는 것에 대한 저자의 생각을 밝힌다. 러시아 문학 일견, 한국 문학 일견, 철학과 예술, 한국 근현대사, 사회가 망하는 이유를 풀어간다. 불한당들의 세계사에서 소개하는 미국의 참모습, 정치와 민주주의, 역사 관련 서적의 묶음으로 서평을 싣고 있다.

'직장생활을 돕는 책이나 실무에 도움 되는 실용도서' 는 동료들과 함께 선택해도 무리가 없다. 공공기관에서 일한다면 기관지를 읽어야 방향을 알고 대처할 수 있다. 사기업이라면 사보조차 소홀하게 다루지 말아야 한다. 연말쯤이면 다음 해 전망을 다룬 책이나 인구변화가 사업 전반에 어떤 영향을 미치는지 다룬 분석 도서를 읽어야 한다. 세대별 취향 분석이나 컴퓨터 유지, 프로그램 사용과 같은 공동의 문제는 동료와 다양한 견해로 판단할 수 있다.

'책 속에서 책을 찾는 방법'은 관점이 비슷한 책을 고르거나 더 깊게 공부하고 싶을 때 효과를 본다. 독서 중에 메모해 두는 습관은 읽고 싶은 우선순위를 정할 때 도움을 준다.

《오주석의 옛 그림 읽기의 즐거움 1》은 유홍준의 《나의 문화유산 답사기》를 읽다가 사둔 책이다. 10년이 지나서야 책꽂이에서 찾아낸다. 《다시, 책은 도끼다》에서 《오주석의 한국의 미 특강》을 소개받아 읽고 난 느낌이 좋은 덕분이다. 몇 해 전에 사둔 《화인 열전》도 읽어달라고 기다리고 있다. 음악과 미술은 젬병인데 유홍준의 글을 보고 구입한 탓이다.

《생각을 넓혀 주는 독서법》은 모티머 J. 애들러와 찰스 밴 도렌이 지은 독서법의 바이블이란다. '현재 자기 수준보다 어려운 책을 선정하고 읽어라'는 명령에 따라 137명의 서양 고전 저자와 대표적인 책을 소개한다. 독서법을 제대로 배워 더 많은 책들을 읽어볼 적절한 도전 목표를 세울 수 있다.

 시카고 대학의 그레이트 북 프로그램(The Great Books Program), 세인트존스 대학 추천 도서, 아이비리그 대학교수 선정도서, 미국대학위원회 SAT 추천도서, 우리나라 주요 대학 추천 도서 목록을 보며 책을 선택한다. 도서목록은 웹 검색으로 쉽게 찾을 수 있다. 목록에서 읽은 책을 하나씩 지워 가면 꾸준한 독서에 도움을 준다.

 뜻하지 않게 책을 사서 읽기도 한다. 2016년 1월 26일 화요일, 사흘간 내린 눈이 쌓이고 기온도 낮은 데다 강풍까지 몰아쳐 비행기가 뜨지 못한다. 뉴스는 온통 제주 눈 소식이다. 모처럼 제주에 온 우리팀은 제주공항에서 하룻밤을 난민처럼 살아야 할 듯했다. 공항 내 서점을 찾아 밤새 읽을 책으로 《가끔은 격하게 외로워야 한다》를 고른다. 다행히 책을 사고 10분도 지나지 않아 동료가 청주로 가는 비행기 표를 사 왔다. 공항에서 밤새 책 읽는 추억을 만들지 못해 아쉽기도 하다. 그래도 수많은 대기자보다 먼저 돌아갈 수 있다는 기쁨에 묻혀 아쉬움은 금방 잊었다.
 그밖에도 오프라인 서점에 가면 관심 분야 책 중에서 참고 문헌이 많은 책을 고른다. 저자의 노력과 책의 질을 평가하는 방법이다.

4장

어떻게
읽었나

제대로 읽고 이어 읽기

모두 저마다의 독서 습관이 다르다. 어떤 이는 정독을, 어떤 이는 속독 혹은 발췌독을 한다. 남독이라고 자신의 독서 습관을 평가하는 지식인도 있다. 아직 시도해보지 못한 '여러 권 동시에 읽기'를 하는 사람이 적지 않고 '주제 찾아 깊이 읽기'를 하는 사람도 여럿이다.

'나는 언제쯤, 얼마나 더 읽어야 이 수준이 될까?' 생각한다.

'어떤 책을 읽는 것이 내게 적당할까?'는 늘 고민거리다.

밑줄 긋고 메모하며 읽기

책에 밑줄을 긋고 메모하며 정밀하게 읽어 이해하는 방법은 기본적인 독서법이다.

도서관이 가까이 없는 시골에 살다 보니 책을 빌리는 기회가 없었다. 공주 시내에 나가야 서점을 볼 수 있고, 용돈을 달라고 요청할 형편도 아니었다. 읽고 싶은 책을 사보는 일은 쉽게 마음먹을 수 있는 일이 아니었다. 책은 소중한 재산이다. 소중한 재산을 다루는 마음으로 한 권 한 권 내 책이 생길 때마다 읽은 내용을 모두 내 것으로 만들겠다는 자세로 책을 읽었다.

요즘도 인터넷 서점에 책을 주문하면 도착하는 날을 기다린다. 출장이라도 가게 되면 아파트 경비실에 맡겨둘 책이 제대로 도착할까 걱정이라 배송상황을 여러 번 살핀다. 때로는 페이스북에 도착한 책을 사진으로 올리고, 왜 이 책을 선택했는가를 메모해둔다. 내 손에 책이 들어오면 책을 읽기 전에 장서인을 찍는다. 소유권 표시이자 가족을 맡는 나름의 의식이다. 앞표지를 넘긴 첫 장 공백에 책이 도착한 날짜, 이름, 그날의 특이한 기분이나 사건을 함께 메모한다. 빨강 인주를 듬뿍 묻혀 장서인을 찍는다. 책을 세워 위 뿌리 부분에 두 번째 장서인을 찍는다. 뒤표지를 열고 앞장 공백에 마지막 장서인을 찍어 책을 읽을 준비를 마친다.

샤프 펜이나 깔끔하게 깎은 연필을 메모지와 함께 준비한다. 메모지에 책 이름과 저자를 써 두고 앞표지와 뒤표지 날개 글을 읽는다. 목차를 살펴 책의 제목과 견주어본다. 프롤로그에서 저자의 입장을 읽는다. 본문을 읽어가며 밑줄을 긋거나 메모를 남긴다. 밑줄은 감동받은 문장, 모르는 단어, 핵심 개념어에 긋는다. 때로는 책 날개에 간단하게 메모를 남긴다. 모르는 단어와 핵심 개념어는 온라인 사전에서 뜻을 찾아 이해한다. 후에 독서노트를 쓸 때 참고할 문장이나 단어는 메모지에 옮긴다. 감동하여 밑줄 친 문장은 내겐 아포리즘이다. 독서를 통해 알게 된 아포리즘으로 인생의 방향을 점검한다. 내가 만든 삶의 영역을 넓히는 전초기지 역할을 한다. 독서를 하다 보면 반복적으로 등장하는 아포리즘이 있다. 나에게 유난하게 다가오는 것이 있다. 이런 아포리즘은 내 성향을 만들고 나를 만든다.

밑줄 긋고 메모하며 읽는 방법은 마오도 쓰던 독서법이다. 냉전 시대 국교를 트기 전 마오의 이름은 교과서나 뉴스에서나 볼 수 있었다. 중국 공산당 우두머리로 6·25 때 북한을 지원했으니 좋게 언급될 수 없다. 인터넷에 검색하니 마오쩌둥을 다룬 대중 서적이 국내 30권이 넘는다.

《마오의 독서 생활》을 읽으며 중국을 서양 열강과 일본 제국주의 침략으로부터 구한 그가 어떤 철학과 사상을 독서에서 얻게 되었는가를 배운다. 업무 외의 시간은 독서로 채웠고, 배움에는 끝이 없다는 생각으로 살았다. 전쟁 중에도 책을 읽었다. 죽는 날도 책을 읽었단다. 독서를 좋아하는 사람이 배울 점은 책을 읽으며 자기 생각으로 평어와 주석을 달고, 독서일기를 남기고, 좋은 책은 반복해 읽어 소화했을 뿐 아니라 이를 실천했다는 점이다. 결론은 대단한 독서가인 마오가 우리 현대사와의 관계를 떠나 중국을 통일한 역사를 만들었다.

되도록 많이 읽기

한 해에 300~400권 책을 읽었다는 사람이 있다. 하루에 서너 권을 읽는다는 사람도 있다.

직업으로 책을 읽어야 하는 서평가나 유명 작가에게나 어울릴 다독 목표다. 요즘 광고하는 퀀텀 독서법이나 속독법을 따로 익힐 마음은 생기지 않는다. 직장생활을 하면서 다독가처럼 많이 읽을 수 없음을 경험하기 때문이다.

좋은 책을 매년 100권씩 읽자는 목표로 읽는다. 산문이나 시집을 읽을 때는 쉬는 날 두세 권을 읽을 수는 있다. 독서에 재미가 붙어 책을 읽고 기록한 독서노트를 세어보면 한 해에 읽은 책 권수는 알 수 있다. 최근 8년간 적게는 74권 많게는 96권을 읽었다. 책을 사서 읽은 후에는 적어도 A4 한 장에서 많게는 A4 너댓 장까지 독서노트를 쓴다. 책을 읽었다는 나의 판단 기준이다.

봉급생활자로 읽고 싶은 책을 마음껏 사기는 부담스럽다. 매월 용돈의 일부는 책을 사는 데 쓴다. 어떤 해에는 공무원 맞춤형 복지 포인트 전액을 책을 사는 데 쓰기도 했다. 여름이나 겨울 장기 재직 휴가(5일) 기간에는 7권 내외로 보고 싶은 책을 사 읽었다. 빌려보기보다 사서 읽기를 선호하는 까닭은 자신에 대한 투자라고 생각하기 때문이다.

다양하게 읽고 비판적으로 읽기

폭넓게 읽어 독서의 기초를 만드는 일이 우선이다.

피커 드러커는 계절이나 분기별로 관심 분야를 정해 읽는다. 《책을 읽고 양을 잃다》의 저자 쓰루가야 신이치도 분야별 독서와 다독, 정독을 권한다. 일본 독서가 다치바나 다카시는 《나는 이런 책을 읽어 왔다》에서 독서력 향상법을 조언한다. 고전 수준의 문학 작품 100권과 교양서 50권 정도를 4년 동안 독파하라 한다. '주석을 빠뜨리지 말고 읽어라', '책을 읽을 때는 끊임없이 의심하라' 를 다치바나 다카시에게 배운다.

다독가가 아닌 생활 독서인이라 관심분야를 정해 읽기는 미래의 독서 방향으로 미룬다. 문학, 역사, 철학, 예술, 자기계발서, 고전, 베스트셀러, 신간 등 다양한 영역의 책을 읽는다. 문학작품을 읽을 때 소설은 줄거리를 되뇔 수 있도록 노력한다. 시는 감정이입이 우선이다. 역사서는 동양사와 서양사를 축의 시대부터 고대, 중세, 근대, 현대 순으로 읽는다. 철학은 쉬운 책부터 읽자고 다짐하나 쉬운 철학책을 고르기는 쉽지 않다.

한 권의 책이 인생을 바꿀 수 있듯이 한 권에 푹 빠지는 어리석음은 경계할 일이다. 《오리엔탈리즘》을 읽으면 서양의 저자들이 연구한 결과로 내놓은 책이 동양세계를 저평가한다는 뜻을 파악할 수 있다. 오리엔탈리즘을 극복한 책은 무엇인가도 생각한다. 안목은 다른 책이나 저자의 인식까지 유추해볼 수 있는 비판적 책 읽기를 돕는다. 책을 비판적으로 읽으면 퇴고가 덜 된 책, 번역이 자연스럽지 않은 책, 사회 진보에 방향을 맞춘 책, 얕은 지식을 포장한 책, 누가 읽을까 싶은 책, 취향에 딱 맞는 책이 보인다. 취향에 맞는 책만 읽으면 다양한 분야의 책을 비판적으로 읽기 어렵다. 의도적인 노력이 필요하다.

이어가며 읽기

지적 호기심을 풀 때 꼬리에 꼬리를 무는 책 읽기 방법을 사용한다. 할리우드 영화는 무슬림을 테러단체나 악마로 설정하고 제작한다. 영화니까 그런가보다 하며 깊게 생각하지 않고 본다. 이스라엘과 팔레스타인은 왜 그렇게 싸우는가? 유대인과 아랍인 간 갈등 해결책은 무엇일까? 유대인은 왜 기독교인에게 역사적으로 따돌림을 당하는가? 미국이 일방적으로 이스라엘을 지원하는 까닭은 무엇일까? 그들 간에 평화를 기대할 수 있을까? 이런 의문과 호기심은 무슬림에 관심을 끌게 한다. 종교 문제인지, 역사 문제인지 원인을 관련 도서에서 찾는다.

《무함마드》, 《꾸란》, 《이슬람》 등 기본서를 읽는다. 쉽게 의문이 해결되지 않는다. 역사에서 아랍은 어떤 위치를 차지하는지 《그리스 사상과 아랍 문명》, 《지혜의 집, 이슬람은 어떻게 유럽 문명을 바꾸었는가》로 파악한다. 무슬림이 지은 《역사서설》과 《이슬람의 눈으로 본 세계사》를 읽어 아랍 역사를 파악한다. 다행히 우리나라 사람이 출간한 《이슬람 문명》과 에드워드 사이드의 《오리엔탈리즘》을 읽으면 무슬림에 대한 관점을 바르게 가질 수 있다. 현재 미국이 이스라엘과 아랍 세계를 대하는 자세는 왜곡된 것이라고 미국인인 촘스키의 입을 통해 확인할 수 있다.

역사의 고전이라는 투키디데스의 《펠로폰네소스 전쟁사》는 그리스 역사 중반까지만 다룬다. 전쟁 이후 역사는 크세노폰이 지은 《그리스 역사》까지 읽어야 한다. 서양 정신세계에 큰 영향을 미친 고전 《아이네이스》는 《오디세이》를 읽은 후 읽어야 바람직하다.

그리스 로마 신화에 수많은 신과 인간의 이름이 나오고 발음조차 쉽지 않아 신들의 계보를 꿰기가 쉽지 않다. 《신들의 계보》는 오비디우스의 《변신 이야기》를 읽은 후에 읽어보아야 한다. 신들의 계보는 제목처럼 뼈대만 있어서 지루하다. 《변신 이야기》는 흥미진진하고 신들에 관해 풀어둔 이야기기 때문이다. 그리스 신화를 깊게 이해하려면 읽어 마땅한 책이다. 쉽게 읽으려면 이윤기의 《그리스 로마 신화》를 선택하면 후회하지 않는다.

문명 이해를 위해서 《강대국의 흥망》, 《향료전쟁》, 《총, 균, 쇠》, 《문명의 충돌》, 《패치워크 문명》, 《공자와 세계》를 이어 읽으면 관점을 세우기에 좋다. 소설은 할레드 호세이니나 기욤 뮈소처럼 작가별 작품에 따라 읽어도 무리가 없다.

우리나라 문화는 유홍준 작품을 통해 배우고, 이문구 작품에서 충청도 사투리를 배운다. 소설에서 긴장감을 느끼려면 김훈의 《흑산》, 《남한산성》을 이어 읽는다.

때로는 천천히 읽기

독서에 취미가 붙어 다독에 힘쓰는 사람이 박웅현의 《책은 도끼다》를 만나면 정말 도끼에 맞은 듯한 충격을 받는다. 다독이 독서의 기본이라는 생각을 보란 듯이 깨트린다.

그림에 관한 책은 그림을 자세히 살피며 해석한 사람의 눈과 마음을 따라가야 한다. 안목 외에도 그림을 감상하는 복까지 따라온다. 《다 그림이다》,《오주석의 한국의 미 특강》,《옛 그림 읽기의 즐거움》,《자전거 여행》,《책문》은 천천히 읽어야 좋다.

김훈의 《자전거 여행》 1권은 천천히 읽으면 바람이 살갗을 스치고, 꽃향기가 코에 닿으며, 흙 내음이 향기롭고, 땀도 끈적거리지 않는다. 《자전거 여행》 2권은 《자전거 여행》 1권과 유홍준의 《문화유산답사기》 사이에 끼어 있다는 느낌을 받는다.

'때로는 천천히 읽기' 는 산문에 어울린다. 역사서나 철학서, 소설에는 맞지 않는다. 어려운 단어나 개념을 이해할 수 없어 어쩔 수 없이 차근차근 읽어야 내용을 이해할 수 있는 독서는 '때로는 천천히 읽기' 가 아니다.

지도책 펴고 읽기

지도와 함께하는 독서 습관은 독서의 질을 높인다

공간을 배경으로 하지 않는 책은 드물다. 철학을 빼면 역사서, 문학작품, 전쟁사 등 대부분의 책은 공간을 배경으로 한다. 가까이에 지도를 두고 독서를 하면 훨씬 흥미 있게 읽을 수 있다. 내용을 이해하기도 쉽다. 역사서는 같은 지역 내에서 시간에 따라 사건을 전개한다. 같은 지역을 배경으로 한 다른 책들과 연결할 수도 있다. 전쟁사는 시공간이 움직이기 때문에 지도를 보면서 읽는 것이 더 필요하다. 지도가 여행에만 필요한 것이 아니다.

자녀가 학교에 다니면 《사회과 부도》나 《역사 부도》라고 부르는 지도책이 하나씩 있다. 책을 읽다가 나라 이름이나 지명이 나오면 지도에서 위치를 확인한다. 습관을 만들면 독서의 질이 높아진다. 상세한 지역에 대한 내용이면 구글 지도를 활용한다.

《페스트》를 읽을 때 어떻게 지도를 활용할까? 페스트가 14세기 스키타이 초원에서 크림반도를 거쳐 콘스탄티노플과 피렌체, 파리, 런던을 휩쓸어 유럽 인구의 삼분의 일을 죽음으로 내몰았던 것은 역사다.

《페스트》는 알베르 카뮈가 2차 대전 후 알제리 오랑이라는 도시에 베르나르 리유라는 의사를 중심으로 인간의 삶을 그린 소설이다. 알제리가 어느 대륙에 붙어 있는지 모른다거나 남아메리카에 있다고 알면 소설의 참맛을 제대로 느끼기 어렵다. 배경은 아프리카지만 사막이 아니다. 사람이 살기 딱 좋은 지중해성 기후 지역이다. 책을 읽어가며 알제리와 오랑이란 도시가 나오면 지도책을 펴서 확인한다. 오랑은 알제리에서 두 번째 큰 도시다. 지도를 보면 항구도시다. 학생용 지도에도 표시되어 있다. 이렇게 확인만 해도 오랑의 위치를 모르고 읽는 것보다 낫다.

한걸음 더 나가 구글 지도에서 세 번 정도 클릭하니 소설의 배경인 오랑은 아프리카 북부에 위치한다. 알제리에서 두 번째로 큰 도시란 걸 알 수 있다. 화면에서 사진을 클릭하면 오랑 주변의 아름다운 전경도 볼 수 있다. 지도를 위성사진으로 변환하면 산과 강 등 지형을 파악할 수 있다.

출처 : 구글 지도

지도를 보면 페스트의 배경인 오랑의 남쪽에 호수가 있다. 바닷가는 해수욕을 할 수 있는 곳이 있음을 알 수 있다. 알베르 카뮈의 《이방인》의 배경도 북아프리카 알제리다. 알제리라는 나라의 수도 알제를 구글 지도에서 검색한다. 알제도 해변에 있다. 주인공이 해변으로 친구와 놀러간 상황을 연결할 수 있다. 카뮈가 알제리에서 나고 자랐으니 두 가지 소설의 배경이 될 만하다고 생각한다.《페스트》와《이방인》을 읽었다면 알제로 여행을 가야 하는 이유가 생긴 거다.

《오래된 미래》를 읽으며 찾아본 지도를 캡처해보면 다음과 같다. 《오래된 미래》의 배경은 인도 서북부 라다크 지역이다. 구글 지도를 통해보면 라다크는 인도, 파키스탄, 중국의 국경분쟁이 있는 카슈미르 지방에 위치한 도시다. 히말라야산맥에 위치한다. 지도 검색으로 분쟁지역, 춥고 메마른 곳이라는 배경을 파악하고 책을 읽으면 쉽게 이해할 수 있다.

 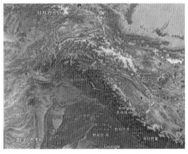

출처 : 구글 지도

역사서나 전쟁사를 읽을 때《조르주 뒤비의 지도로 보는 세계사》
가 있다면 정말 좋다. 책값이 비싼 것(12만 원)이 흠이나 비싼 만큼
의 가치가 있다.

카이사르가 지은《갈리아 원정기》는 군더더기 없이 전쟁을 기록
한 것이다. 지도를 펼쳐 과거의 지명을 현재와 견주며 읽는 게 품이
드는 일이지만 즐거웠다.《카이사르 내전기》를 읽을 때 고대 지도
와 현대 지도를 곁에 두고 공격로를 따라간다. 공간적으로 전쟁 상
황을 추적하는 재미가 있다.《펠로폰네소스 전쟁사》는 관련 시대
그리스의 고지도를 인터넷에서 검색하여 출력해둔다. 지명을 익히
며 책을 읽으면 한결 지루함이 덜하다.

《사기 열전》은 춘추전국시대 제후국의 영역을 표시한 지도를 함
께 보면서 읽어간다. 진, 초, 제, 한, 위, 조, 연나라의 흥망성쇠가
쉽게 다가온다. 지형도와 영역지도를 번갈아 보면 공격로와 싸움

터가 어디였을까 추측하고 확인하는 재미가 있다.

《미움, 우정, 구애, 사랑, 결혼》을 통해 캐나다가 영연방 국가임을 안다. 영국, 아일랜드, 아이슬란드, 중국에서부터 건너온 이민자들이 어우러져 사는 다문화 사회임을 알게 된다. 태평양 서안의 밴쿠버부터 동쪽의 온타리오주까지가 소설의 배경이다. 대부분은 조그만 시골에서 일어나는 살아가는 이야기들이다. 블리자드라고 표현하지 않지만, 때로는 겨울의 강한 바람과 매서운 추위, 많은 눈이 오는 장면이 있다. 봄의 늪지와 1900년대 전반의 세계대전과 전쟁 후 급하게 건설된 서민 주택의 구조도 이야기를 끌어가는 배경이 된다. 지도를 보면서 읽어야 제 맛이다.

《데카메론》의 공간적 배경은 이탈리아, 지중해 세계, 프랑스, 사라센, 인도, 중국까지다. 지도를 보면서 읽어야만 한다.

앙드레 말로가 지은 《인간의 조건》은 러시아에서 볼셰비키 혁명이 일어나고, 중국을 비롯한 유라시아 여러 지역에 공산주의가 퍼지던 시기가 배경이다. 중국 공산당 내부의 코민테른 지도 노선과 이를 거부하는 소수파 사이의 갈등이 발생한다. 러시아, 프랑스, 중국 출신 혁명가들이 중국 상하이에서 폭동을 일으키나 실패한 이야기다. 불과 몇 일간에 벌어지는 일이지만 등장인물 중심으로 심리와 긴박한 상황을 묘사한다. 1920년대 후반 상하이 조계지역의 축축하고도 눅눅한 분위기가 물씬 풍긴다. 상하이 조계 지도를 보면서 읽어야 골목의 분위기를 실감할 수 있다.

기욤 뮈소의 《천사의 부름》은 뉴욕, 샌프란시스코, 런던, 파리, 바하마, 치탬브리지, 프랑스 남부 앙티브 등이 배경이다. 여러 곳에서 이야기가 펼쳐지니 지도가 필수다.

《바람이 분다 당신이 좋다》도 루마니아, 그루지야, 아제르바이잔, 터키, 튀니지, 일본, 쿠바, 칠레, 브라질 등지가 배경이다. 사진 찍고 글을 쓰면서 만난 사람들과의 인연과 사랑에 대한 글이다. 《한밤의 아이들》은 인도 지도를 곁에 두고 책을 읽으며 인도의 기후와 생활방식, 현대사를 배울 수 있다.

페어뱅크와 라이샤워가 쓴 《동양문화사》에 따르면 몽골 기병은 말 6필을 데리고 출전한다고 기록되어 있고 유라시아 지도를 보면 이해가 쉽다. 《동방견문록》에는 암수 말 18필을 데리고 전쟁터로 향한다고 기록되어 있다. 아나톨리아 지도, 중앙아시아 지도, 중국 지도, 동남아 지도, 인도 지도, 인도양 지도, 시그마프레스와 WILEY에서 만든 《세계지리》를 옆에 두고 읽는다. 옛 지명이 현재 어디쯤일까를 파악해가며 읽는다. 공간적으로 마르코 폴로의 여행 경로를 따라가며 책장을 넘기는 것은 재미있는 일이다.

철학을 제외한 도서는 시간과 공간을 배경으로 한다. 우리의 삶이 시간과 공간을 떠날 수 없다. 책이 인간의 삶을 다룬다. 책도 시간과 공간을 떠날 수 없다. 시간에 대한 이해가 있어야 역사서를 이해하기 쉽다. 공간에 대한 이해도 독서의 질을 높인다. 지도와 함께하는 독서는 독서의 질을 높인다.

폐문 독서

차를 마시는 사람에게 다도가 있다면,
책을 읽는 사람에게는 폐문 독서가 있다

독서를 즐기는 사람이 바라는 것은 무엇일까? 폐문 독서(閉門讀書)다. 문을 닫고 책을 읽는 거다. "문 닫고 읽으면 되지, 뭐 그 정도를 바라느냐. 어려운 일도 아닌데"라고 말하기가 쉽다. 해보지 않은 사람이 생각할 수 있는 오해다.

폐문 독서에서 '폐'는 닫는 거다. '문'이란 타자와 소통하는 길이다. 전화를 걸지도 받지도 말아야 한다. 스마트폰으로 SNS도 사용하지 않아야 한다. 이메일을 쓰거나 보지 않아야 한다. TV나 신문도 보지 않아야 한다. 타인과 만나지 않아야 한다.나 이외의 어떤 타자와도 상호작용하지 않는 상태를 '폐'로 본다. 커피나 음료를 즐겨 마시는 사람은 '폐'하기가 더 어렵다. 커피 향이 풍기거나 해외여행에서 호텔 조식과 함께 마신 커피 향이라도 떠오르면 기호식품도 '폐'에 걸림돌이다. 그래도 가장 참기 어려운 것은 중독성이 강한 흡연이다. 애연가가 서너 시간 동안 담배 피우기를 멈추기가 쉽지 않다. 기호식품과 담배 피우기를 참고, 타자나 외부와 상호작용하지 않고 책을 읽는 것을 '폐문 독서'라고 이름 짓는다. 이쯤이면 쉬운 일이 아니라는 판단을 할 수 있을 듯하다.

폐문 독서를 어떻게 하는가? 출근하지 않아도 되는 날을 택해 타인과 소통을 끊고 책과 소통하는 폐문 독서를 시작한다.

"여보, 내일은 토요일이야. 아침에 깨우지 않을 테니까 푹 자요. 눈이 떠지면 그때 일어나요."

어젯밤 잠들기 전에 아내에게 내일은 폐문독서할 거라고 이야기해 두었다. 스마트폰도 꺼두었다. 약속도 잡지 않았다. 아이들에게도 내일 움직여야 하는지를 물었고 내가 운전하지 않아도 된다는걸 확인했다. 사무실에서도 연락이 오지 않을 것이다. 특별한 일이 없다. 이렇게 폐문 독서를 시작한다. 정오까지 책을 읽는다. 정오가되면 스마트폰을 켜야 한다. 환절기에는 문자로 부고를 알려오는일이 잦다. 책을 읽는다고 장례식장에 가야 할 일을 미룰 수는 없는일이다. 적어도 6시간 동안 책을 읽으면 300쪽 내외 분량의 소설쯤은 읽는다.

문을 닫고 독서에 몰입하는 폐문 독서는 내면을 깨운다. 인생론이라도 읽는다면 스펀지가 물을 빨아들여 머금듯 삶을 살찌우게 한다. 한 해에 52번의 토요일이 있다. 몇 번의 시도로 폐문 독서의 맛을 알게 되면 달력에 빨간 글자색으로 표시된 날이 기다려진다.

폐문 독서를 시작한 것은 《책만 보는 바보》를 읽은 2013년 5월의 어느 날부터다. 개인적인 어려움이 있던 때다. 책을 읽고 오후 늦게 써 두었던 독서노트에 다음과 같이 적어두었다.

"이렇게 마음에 와 닿는 책을 읽는 것이 얼마 만인지. 이덕무의 처지와 최근 나의 처지가 닮음이 있어서일까. 아니다. 그에 견주면 나의 처지는 마른 낙엽처럼 가벼울 것이다. 그래도 책을 읽어가면서, 수년 가까이 잊고 지낸다지만 답답함에서 헤어나지 못하는 순간순간마다 이덕무의 처지를 생각하며 용기를 낸다."

너무도 좋아 읽어가며 푹 빠진 부분을 옮겼다.

햇살과 함께하는 감미로운 책읽기는, 어린 시절뿐만 아니라 그 뒤에도 계속되었다. 스무 살 무렵, 내가 살던 집은 몹시 작고 내가 쓰던 방은 더욱 작았다. 그래도 동쪽, 남쪽, 서쪽으로 창이 나 있어 오래도록 넉넉하게 해가 들었다. 어려운 살림에 등잔 기름 걱정을 덜 해도 되니 다행스럽기도 했다.

나는 온종일 그 방 안에서 아침, 점심, 저녁으로 상을 옮겨 가며 책을 보았다. 동쪽 창으로 들어온 햇살이 어느새 고개를 돌려 벽을 향하면 펼쳐놓은 책장에는 설핏 어두운 그림자가 드리워졌다. 그것도 알아채지 못하고 책 속에 빠져 있다가, 갑자기 깨닫게 되면 얼른 남쪽 창가로 책상을 옮겨놓았다. 그러면 다시 얼굴 가득 햇살을 담은 책이 나를 보고 환하게 웃어 주었다. 날이 저물어갈 때면, 해님도 아쉬운지 서쪽 창가에서 오래오래 햇살을 길게 비껴주었다.

햇살이 환한 방 안에 가만히 앉아 책을 들여다보고 있노라면, 신기하기도 했다. 책상 위에 놓인 낡은 책 한 권이 이 세상에서 차지하는 공간은 얼마 되지 않을 것이다. 가로 한 뼘 남짓, 세로 두 뼘가량, 두께는 엄지손가락의 절반쯤이나 될까. 그러나 일단 책을 펼치고 보면, 그 속에 담긴 세상은 끝도 없이 넓고 아득했다. 넘실넘실 바다를 건너고 굽이굽이 산맥을 넘는 기분이었다.

책과 책을 펼쳐 든 내가, 이 세상에서 차지하는 공간은 얼마쯤 될까. 기껏해야 내 앉은키를 넘지 못할 것이다. 그러나 책과 내 마음이 오가고 있는 공간은, 온 우주를 다 담고 있다 할 만큼 드넓고 신비로웠다. 번쩍번쩍 섬광이 비치고 때로는 우르르 천둥소리가 들리는 듯했다.

하고한 날 좁은 방안에 들어박혀 있는 것처럼 보이지만, 이처

럼 날마다 책 속을 누비고 다니느라 나는 정신없이 바빴다. 때
론 가슴 벅차기도 하고, 때론 숨 가쁘기도 하고, 때론 실제로
돌아다닌 것처럼 다리가 뻐근하기도 했다.

(중략)

온종일 방에 들어앉아, 혼자 실없이 웃거나 끙끙대고 외마디
소리를 지르기도 하며 책만 들여다보는 날도 많았다. 사람들은
이런 나를 보고 '간서치'라고 놀렸다. 어딘가 모자라는, 책만
보는 바보라는 말이다. 나는 그 소리가 싫지 않았다.

(중략)

벗들만 간간이 드나들던 호젓한 내 집에, 별안간 굵은 나무와
연장을 짊어진 장정들이 들이닥쳤다. 집안사람들은 눈이 휘둥
그레졌고, 어리둥절하기는 나도 마찬가지였다. 비좁은 마당에
짐을 부려놓은 사람들 뒤로 유득공과 백동수의 얼굴이 보였다.
그제야 집을 잘못 찾아온 것은 아니라는 생각이 들긴 했으나,
여전히 까닭은 알 수 없었다.
"매부, 이 사람들에게 마당을 좀 빌려주시지요."
서글서글한 목소리로 백동수가 먼저 말을 했다. 그 말은 곧이
곧대로 새겨봐도 까닭을 알 수 없었다. 하필이면 비좁은 내 집
의 마당을 빌려달라니, 차라리 집 밖 빈터가 더 넓지 않은가.
이런 생각을 하고 있는데, 유득공이 겸연쩍은 표정을 지으며

덧붙였다.

"여기, 방 한 칸을 만들려고 합니다. 편안하게 책도 읽고, 저희도 자주 찾아와 함께 지내고"…….".

'무어라 할 말이 떠오르지 않았다. 어느새 눈앞이 뿌옇게 흐려졌다. 찾아온 벗들을 한 번도 편안하게 맞이하지 못한 지난날들이 그림처럼 지나갔다.

《책만 보는 바보》

폐문 독서하며 읽었던 책 중 가장 기억하고 싶은 책이 《길 위의 철학자》다. 에릭 호퍼가 죽은 뒤 27개의 에피소드를 모아 출간한 자서전을 번역한 것이다. 그의 삶, 80여 년은 웨이터 보조, 사금 채취, 농장 노동, 부두 노동을 하면서도 독서광으로 살았다. 떠돌이 노동자, 프롤레타리아 철학자라고 평가한다. 그를 철학자, 사상가로 평가하는 데는 떠돌이 삶에서 얻은 경험과 독서에 깊은 사색이 더해졌기 때문이리라.

책을 읽는 내내 푹 빠져 있었다. 자서전을 읽으면서 어릴 때 앉은 뱅이책상에 앉아 책을 붙잡고 하루를 보냈던 기억이 떠올랐다. 가끔 반 평 크기의 아파트 창고를 책 읽는 장소로 바꾸고 싶다고 생각한다. 책을 읽기에는 복잡한 가구나, 스마트폰이 방해되어 단순한 공간이 제격이다. 에릭 호퍼의 글이 짧은 것은 아포리즘 형식으로 글을 쓰기 때문이다. 덕분에 지루하지 않고 장을 넘길 때 편집자가 배치한 금언 중 몇 개는 기억하고 싶다.

《오직 독서뿐》에서 양응수는 이렇게 말한다.

"차분히 책 속의 의미를 사색하는 것은 중요하다. 중년 이후의 독서는 집중처가 있어야 한다. 하나의 화두를 들고 찬찬히 오래 들여다보는 것이 있어야 한다. 여기저기 기웃대기보다, 하나라도 제대로 깊이 보는 것이 맞다. 쉬지 않고 꾸준히 차곡차곡 쌓아 올리다 보면 어느 순간 툭 터진다. 쓸데없는 말을 줄이고, 불필요한 만남을 절제해야 공부할 수 있다. '반일정좌(半日靜坐) 반일독서(半日讀書)'가 답이다."

폐문 독서하면 양응수의 뜻을 따를 수 있다. 공부는 머리로 하지 않고 엉덩이로 한다고 한다. 폐문 독서의 맛을 알게 되면 공부하는 태도와 자세가 몸에 배어 난다.

다른 분야 읽기

**다른 분야 책을 읽으면, 자신이 부족한 점을 알리는
표시등을 볼 수 있다**

"박사님이라믄서 몰르는 게 있겄나?"
"그렇지. 박사라니께 알 꺼여."
"아녀유. 박사 땄다고 다 아는 건 아니어유."
시골 경로당에서 박사학위를 받은 김씨네 둘째를 두고 나누는 대
화다.
"문과 출신은 이과 책을 보고, 이과 출신은 문과 책도 봐야 해."
언제 누군가랑은 기억되지 않는다. 다른 분야도 기본적인 것은 알
아야 한다는 대화를 나눴다. 스티브 잡스가 명성을 얻기 전이었다.
남들은 내 전공이 지리교육이니 지리학 관련 책을 주로 읽으리라
생각할 듯하다. 그렇지 않다. 지리 관련 도서가 많이 출판되지 않는
다. 교사가 전공서적을 봐서 가르쳐야 하는 일은 그리 많지 않다.
문사철을 중심으로 독서를 하면 과학이나 예술 분야를 챙겨 보기
쉽지 않다. 의도적으로 책을 선택해야 한다.

과학 분야

《정재승의 과학 콘서트》와 같이 대중을 고려한 과학서적이 아닌 것으로《생명이란 무엇인가?》를 읽었다. 과학 중에서 생물학에 가장 가깝다고 할 책이다. 다른 분야를 읽는 것은 생소하다. 이미 알고 있던 것들과 새로운 걸 연결한다.

'우주를 기계로 본 데카르트의 관점은 과학적 연구의 가장 근간이다' 이 문장에서 베이컨은 '아는 것이 힘이다' 라며 과학을 위해 재정투자를 끌어내려 했다는 사실과 연결한다. 17세기에 유럽에서 과학혁명이 시작됐음을 알려 준다.

우리를 먹이고 입히는 식물이 단순한 잡초가 아니듯 박테리아 역시 그저 '병원균' 이 아니라며 유용성을 알려 준다. 영양학자들이 8가지 필수 아미노산을 먹으라고 하는 것은 음식물로 섭취하지 않으면 몸 안에서 따로 보충되지 않기 때문이다. 뱀은 적외선을 감지하고, 고래는 초음파를 듣고, 꿀벌은 가시광선의 편광면을 탐지한다고 한다. 말벌은 꽃에서 자외선 무늬를 보고, 상어는 심장박동에서 전위를 탐지하여 먹이를 사냥한다는 사실을 배운다. 그러나 생명이란 무엇인가를 정의할 수 없다는 결론이다.

《과학혁명의 구조》에서 새로운 이론이 나타나는 과정을 정리한 글을 읽었다. 새로운 이론이 생기기 전에 대체로 전문 분야에서 현저한 불안정함을 거친다. 그런 불안정함은 정상과학의 수수께끼들이 좀처럼 풀리지 않는 데서 발생한다. 기존 규칙의 실패는 새로운 규칙을 찾아 나서게 한다. 코페르니쿠스의 등장을 예로 들어본다. 당시 모두는 프톨레마이오스의 천동설 체계가 완벽한 것으로 믿고 있었다. 더구나 신의 이름으로 완벽함이 포장되어 있었다. 사실은 천동설에 따르면 행성의 위치와 세차운동의 관측치가 잘 들어맞지 않았다고 한다. 세차운동에 대해 인터넷 검색으로 알아봐야만 했다. 여기서 코페르니쿠스의 지동설이 나타난 거다.

다윈이 《종의 기원》에서 제시한 구절을 읽는다.

"나는 이 책에서 제시된 견해들이 진리임을 확신하지만, 오랜 세월 동안 나의 견해와 정반대의 관점에서 보아왔던 다수의 사실로 머릿속이 꽉 채워진 노련한 자연사학자들이 이것을 믿어 주리라고는 전혀 기대하지 않는다……. 그러나 나는 확신을 하고 미래를 바라본다. 편견 없이 이 문제의 양면을 모두 볼 수 있을 젊은 신진 자연사학자들에게 기대를 건다."

《코스모스의 바닷가에서》를 읽는 내내 지리교육을 전공한 내가 배웠던 지리학 개론의 앞부분과 유사한 내용이라 즐거웠다. 에라토스테네스가 막대기, 눈, 발, 머리, 그리고 실험으로 확인하겠다는 정신만으로 지구의 둘레를 4만 킬로미터로 측정한 사실은 지리학에서도 다룬다. 19세기 초에 장 프랑시스 샹폴리옹이 이집트 상형문자의 첫 번째 해독자임을 소개한다. 그에 의해 이집트 문명이 우리에게 연결되었듯이 전파천문학이라는 학문 분야가 외계 문명과 대화를 할 수 있을 것이라고 한다. 지리학, 철학, 역사학, 과학, 천문학, 수학 등 방대한 지식이 《코스모스》에 담겨 있다. 칼 세이건의 지혜는 우주적 상상력을 갖게 하고, 제가 잘난 멋에 살지 말라며 나를 되돌아보게 한다.

《$E=mc^2$》를 통해 2차 대전 당시 독일이 거의 원자폭탄을 만들었고, 이 정보에 미국은 원자폭탄 만들기에 집중하여 먼저 만들었음을 안다. 14세기 성서에는 문장기호가 없어서 전보처럼 보였다고 한다. 대문자를 소문자로 바꾸고, 마침표와 쉼표, 15세기 말에 인쇄가 시작되자 ?, !가 자리 잡았다. 16세기 중반에서야 +기호, = 가 사용되기 시작했다는 역사를 배운다. 기술적으로 $E=mc^2$를 가장 먼저 이용한 것이 원자폭탄이었다.

심리학 분야

교육심리학이 재미있다는 걸 느끼지 못했다. 도대체 심리학이 뭐 쓸데가 있는가라고 자기합리화도 했다. 세상이 복잡해지고 험악해져서일까? 뒤늦게 '사람들이 왜 저럴까' 하는 생각을 한다. 아들러 심리학이 소개되고 바람을 탄다. 덕분에 쉽게 쓴 심리학 대중서를 읽는다. 최재천 교수에 따르면, 현대 사회에서 심리학이 차지하는 지위와 영향력이 막강하단다. 객관성을 확보하고 있는가, 과학인 가라는 의문도 있지만, 심리학은 전형적인 통섭적 학문이란다.

데이비드 버스가 1999년에 미국에서 출간하여 미국과 유럽에서 진화심리학의 대표적인 입문서가 됐고, 번역본이 나왔기에 《진화심리학》을 읽었다. 서문에서 스티븐 핑커의 지적으로 진화심리학의 영역과 이론적 의의를 확인한다.

"사람을 연구하는 학문에는 아름다움, 모성, 친족, 도덕, 협력, 성, 폭력 같은 사람의 경험을 다루는 주요 영역들이 있는데, 이 모든 것에 대해 유일하게 진화심리학만이 일관성 있는 이론을 제시한다."

해리 할로는 원숭이가 철망 '어미'를 통해 일차적인 먹이 강화를 받더라도 철망 어미를 더 좋아하지 않는다는 사실을 실험으로 보여주었다. 이는 행동주의로 다가가던 심리학이 방향을 전환한 계기가 됐다.

《인문학은 밥이다》는 인문학을 문사철로만 보는 것은 좁은 생각이라며 과학, 미술, 음악, 환경과 젠더를 목차에 넣어두었다. 문사철은 학문의 발전을 담지 못한 용어라는 생각을 확인한다.

수학 분야

단언컨대, 아마도 학력고사에서 수학을 반만 맞췄더라면 내 직업은 달라졌을 것이다. 정기고사에서는 찍어도 재수가 좋으면 반은 맞출 수 있었는데, 학력고사에서 찍는 건 안 되더라. 수학을 배우려고 과외 받거나 학원에 다녀본 적이 없다. 도대체 수학을 왜 배우는지를 몰랐다. 그러니 재미있을 턱이 없다. 당연히 수학 공부는 담쌓고 살았다. 대학에 입학하면서 제일 좋았던 것은 미팅에 대한 로망보다 수학을 배우지 않아도 된다는 기쁨이었다. 수학은 내 인생에서 끊어진 아킬레스건이다. 아마도 중2 때 수학을 포기한 듯하다.

본격적인 책 읽기를 시작하면서 구색을 갖추려는 의도는 아니다. '수학자 아버지가 들려주는 수학으로 본 세계'라는 부제에 끌려 사본다. 역시나. 수학은 넘을 수 없는 벽임을 절감한다. 그래도 《수학의 언어로 세상을 본다면》을 통해 몇 개 문장이라도 건지려고 애쓴다. 마이너스 1과 마이너스 1을 곱하면 플러스 1이 되는 이유는 아직도 모르겠다. "음수를 생각한 이유는, 자연수만으로는 뺄셈을 자유롭게 할 수 없었기 때문이다. 분수가 필요한 것은 자연수만으로는 나눗셈을 자유롭게 할 수 없었기 때문이다." '72법칙'이란 돈이 2배가 되는 연수 n을 구할 때, 금리 R을 가지고 $n \times R = 72$로 계산

하는 법칙이다. 일본 대형 은행 정기예금의 이자는 0.025라서 원금
이 2배가 되려면 2800년이 되어야 한단다.

시 분야

어느 책에서인지, 누군가 "시인하면 김수영"이라는 글을 보았기
에《김수영 전집 1 시》와《김수영 전집 2 산문》을 샀다. 더 늦기 전
에 감성을 깨워보자고 시작한 시 읽기다.《김수영 전집 1 시》를 넘
기며, 한편의 연애 시가 주는 울림도 얻지 못하는 게 아닌가 생각한
다. 그랬다. 옮겨두거나 외워보고 싶은 시를 찾지 못한다. 그저 많
은 사람이 김수영의 시를 읽었다니(1981년에 민음사에서 1판 1쇄, 2015년
에 2판 30쇄가 나왔다) 나도 따라 했을 뿐이다. 시라면 내가 사는 시간
과 공간에서 쓴 글을 읽어야 한다. 후회하지 않도록.《김수영 전집
2 산문》을 읽으며 시인이 쉬워서 시인이 아니라는 것과 시인은 철
학을 함께 공부하고 다른 나라, 다른 이데올로기와 시대상황도 알
아야 제대로 시를 쓸 수 있는 거란 생각이다.

근육 발달은 끝났고, 감수성마저 남아 있지 않다. 김수영의 시에
서 감동하지 못하고 루미의 시에서도 울림이 작다. 어떻게 시간과
공간이 다르기 때문이라고 메마른 감성을 탓할 수 있는가? 요즘,
우리나라 시인의 시를 읽어야 할 일이다. 그나마 갈라진 논바닥에

물 대기 효과를 기대할 수 있을 것이 아닌가.

《루미 시초》의 부제 '내가 당신이라고 말하라'를 느끼고 싶다. 시집을 덮어도 느낌이 오지 않는다. 《루미 우화 모음집》에 실린 우화가 《루미 시초》에 실려 있다. 현대에 와서 우리가 시와 우화로 구분했으리라 생각한다. 과거 언젠가는 우화를 시로 낭송하던 것이리라. 루미가 활동하던 때는 13세기였다.

종교 분야

특별한 종교를 믿지 않는다. 성경과 불경, 《코란》과 《우파니샤드》를 읽지 말아야 하는 것은 아니다. 한 권의 경전으로 종교 일부라도 알 수 있는 것도 아니다. 생활인으로, 문자로 기록된 경전을 읽는 것은 고전을 읽는 것과 같다고 생각한다. 《만들어진 신》과 같은 무신론자의 책과 《검색의 시대, 사유의 회복》도 읽은 까닭이다. 한글로 번역된 《코란》, 《육조단경》, 《우파니샤드》를 읽어도 다 이해하는 것도 아니다.

통섭

사회학, 생물학은 익숙하지만, 사회생물학이 익숙지 않다. 통섭

(統攝)은 지금의 분과적인(극히 전문화되는) 학문의 발전 추세에 제동을 거는 시도다. 학문이 전문화됨에 따라 학문 간 소통이 부족하다느니, 학제 간 공동연구의 필요성이니 하는 이야기를 들었다.

에드워드 윌슨의 《통섭》처럼 진지하게 자연과학과 인문학의 통섭을 강조하는 책은 처음이다. 스티브 잡스가 인문학과 IT의 조화를 말해 세간에 화제가 되고 그 분위기가 지금까지 살아 있다. 과학 주간을 맞아 선택한 책인데 내용이 깊고 무겁다. 하드커버에 12장으로 구성된 통섭은 '이오니아의 마법, 학문의 거대한 가지들, 계몽사상, 자연과학, 아리아드네의 실타래, 마음, 유전자에서 문화까지, 인간 본성의 적응도, 사회과학, 예술과 그 해석, 윤리와 종교, 우리는 어디로 가고 있는가' 가 주제다. 《통섭》은 사회생물학의 창시자로 평가되는 에드워드 윌슨의 사상을 집대성한 책이다.

관심 분야, 전공 분야를 중심으로 책을 읽는 것은 자연스러운 일이다. 다른 분야의 책을 읽으면 시야가 넓어질 수 있다. 다른 분야 책을 읽으면, 자신이 부족한 점을 알리는 표시등을 볼 수 있다. 마이너스 1과 마이너스 1을 곱하면 플러스 1이 되는 이유를 아직도 이해하지 못하는 것처럼 부족한 부분도 확인한다. 다른 분야의 책을 읽는 것은 남의 떡이 커 보이기 때문이 아니다. 음악, 미술, 환경, 젠더 등 새로운 영역을 배울 수 있다. 시는 동시대의 시인이 쓴

시를 읽는 것이 좋겠다는 개인적인 결론도 얻는다. 다른 분야의 책 읽기는 의도가 있어야 한다.

마인드맵 그리며 읽기

마인드맵으로 줄거리를 메모하며 읽는 방법은 장편소설을 쉽게 읽게 도와준다. 등장인물과 인물 간의 관계를 그리며 읽어가면 줄거리를 놓치지 않는다. 장편소설을 단번에 읽을 시간이 부족해 쉬었다가 읽을 때 맥락을 이어가며 읽게 도와준다. 등장인물이 많거나, 외국인 이름이라 발음하기 어렵거나, 공간적 배경이 넓을 때도 마인드맵으로 그리며 읽는다. 복잡한 책일수록 마인드맵을 그려가며 읽다 보면 내용 파악이 쉬워지는 것을 경험할 수 있다. 사상서, 소설, 서사시를 마인드맵으로 그려가며 읽은 사례를 들어본다.

사상서인 에리히 프롬의 《소유냐 존재냐》를 읽어가며 마인드맵을 그린 사례다.

책은 서론과 제1부 소유와 존재의 차이에 대한 이해, 제2부 두 가지 생존 양식의 기본적 차이에 대한 분석, 제3부 새로운 인간과 새로운 사회로 구성되었다. 3부를 살펴보면 제7장 종교 · 성격 · 사회, 제8장 인간 변혁의 조건과 새로운 인간의 특색, 제9장 새로운 사회의 특색이다. 책을 읽기 전에 메모장(A4 1/2 크기를 사용한다)의 왼쪽에 3부의 7, 8, 9장 장 제목을 적어둔다. 책을 읽어가며 7장의 절 제목인 1. 사회적 성격의 기초, 2. 사회적 성격과 종교적 요구, 3. 서구 세계는 기독교적인가?, 4. 휴머니즘의 항의를 적는다. 이후로 절별로 핵심사항, 새로운 지식, 개념, 알지 못하는 단어, 예전에 읽은 책에서 언급된 내용과 유사한 부분을 밑줄 치거나 메모하며 읽는다. 이런 과정을 거쳐 메모지에 선과 동그라미, 세모 등 기호를 그려가며 내용을 파악하면, 책을 읽고 나서 되짚어보기 쉽다. 마인드맵으로 그려 읽은 책은 '독서노트'를 기록할 때 빛을 본다.

　장편소설 《만엔원년의 풋볼》에서 미쓰사부로, 나쓰코, 다카시, 증조부, 증조부의 동생, 백승기, 형수, 백치 여동생이 등장인물이 나온다. 은둔자 가이, 시토로엥, 거식증 여성인 진과 그의 네 아들, 주지승, 미쓰사부로의 친구로 얼굴에 빨간색 페인트를 칠하고 항문에 오이를 쑤셔 박고 나체로 목매 자살한 친구, 조선인과 일본인의 집단 싸움에서 맞아 죽은 S형 등은 소설에서 화제를 이어가는 소재로 등장한다. 마인드맵을 그려가며 소설을 읽으면 다음과 같이 4개 문단으로 정리할 수 있다. 4개 문단이면 본문 524쪽 분량의 소설 줄거리를 요약할 수 있다.

미쓰사부로는 아이들의 돌팔매에 맞아 한쪽 눈의 시력을 잃은 인텔리로 현실에서 자신을 분리하고 현실로부터 자신을 타자화하는 주인공이다.

그의 아내 나쓰코는 모자란 아들을 수용시설에 맡겨두고 위스키에 취해 사는 알코올중독자다.

미쓰사부로의 동생 다카시는 전향한 학생운동가로 철저하게 왜곡된 의식 속에서 자신을 영웅화하는 꿈을 현실에서 실현하고자 한다.

이들에게는 성향이 다른 증조부와 증조부의 동생이 있었다.

증조부의 동생은 농민 봉기를 이끈 지도자였으나 소설의 마지막 부분에서 진실이 드러나기까지 봉기 실패 후 개혁세력의 도움을 받아 외부세계에서 살아간 것으로 표현된다.

미국에서 돌아오는 다카시와 그의 형인 미쓰사부로는 아내 나쓰코와 함께 아이 때문에 힘겨운 삶에서 도쿄로부터 새 생활, 소설 속에서 풀의 집으로 나오는 그들의 뿌리가 있는 고향을 찾아간다. 골짜기 마을로 표현되는 그들의 고향에서 다카시는 실패한 증조부의 동생과 봉기에 빠져들고, 마을 청년들을 규합하여 증조부의 동생이 시도했던 봉기를 슈퍼마켓 폭동으로 칭할 수 있는 경제적인 폭동을 이끌어가지만 성공의 날은 며칠

가지 못하고 자살한다.

이 소설에서 저자 오에 겐자부로는 일본강점기 징용노동자로 끌려왔다가 정착한 조선인 마을을 골짜기 마을에 대한 적대세력으로 표현하고 슈퍼마켓의 주인 백승기를 등장시켜 골짜기 마을의 공동체에 다카시를.통해 저항하게 하는 구조를 만든다.

소설 첫 부분이 지루하지만, 다카시가 슈퍼마켓 폭동에 실패하고 형인 미쓰사부로에게 자신이 왜 이렇게 살아왔는지 고백하는 장면에서 클라이맥스에 달한다.

형수와 섹스하는 다카시, 백치 여동생과의 섹스와 결속이 허물어지는 것에 대해 두려움, 백치인줄 알았던 여동생이 자신들의 행동이 잘못된 것임을 알고 있었음을 알게 되고, 자살하는 과정에서 아무도 둘의 관계를 모른다는 생각을 하고 있으나 그것이 그의 삶을 속박하는 것이었음을 밝힌다. 미쓰사부로는 다카시에 대해 증오보다는 자신을 똑바로 보라고 충고한다.

다카시의 자살 이후, 백승기가 매입한 미쓰사부로 가의 곳간채를 해체하는 과정에서 다카시가 상상하던 증조부 동생의 행적(다카시가 상상하듯 외국으로 도망간 것이 아니라 지하실에서 수십 년을 숨어 살아간)을 찾아낸 미쓰사부로는 아내와 이

견으로 다투지만 결국 수용시설에 있던 아들을 찾아 데려오고, 아내가 임신 중인 동생의 자식을 키우며 골짜기 마을에서 시작하려던 새 생활을 도쿄로 돌아가 다시 시작하겠다는 희망으로 소설이 끝난다.

《아이네이스》와 마인드맵이 어우러진 사례다.

베르길리우스의 장편 서사시 《아이네이스》는 '아이네아스의 노래'라는 뜻이다.

일리아스에 나오는 '파리스의 심판'에 따라 유노(그리스어로는 헤라)의 방해를 받는다. 트로이의 패장 아이네아스(헥토르에 버금가는 용맹과 실력을 갖춘)가 아버지 앙키세스와 아들 아스카이우스, 그리고 트로이 유민을 데리고 트로이를 떠난다. 신들의 예언을 쫓아 험난한 지중해를 건너 카르타고, 시칠리아를 거쳐 이탈리아 라티움에 정착한다. 후일 로마를 세운 로물루스와 레무스의 조상이 된다. 이 과정을 그린 서사시가 《아이네이스》다. 《일리아스》에서 아킬레스와 아가멤논에게 패한 트로이 세력이 훗날 바다 건너 로마를 만들어 간다는 이야기다. 트로이 멸망과 로마 건국에 시차가 약 500년이다. 《아이네이스》는 역사가 아니라 서사시일 뿐이다.

마인드맵을 그려가며 12권의 서사시를 읽으면 다음과 같이 줄거리를 쉽게 요약할 수 있다.

불타는 트로이에서 탈출한 아이네아스 일행이 카르타고에서 여왕 디도를 만나고, 디도의 청에 따라 표류하는 과정을 설명하고 사랑에 빠지고(여기까지가 4권), 시칠리아에서 아버지 앙키세스의 기일에 경기를 치르고(5권), 이탈리아에 도착하고, 저승에 가서 아버지를 만나며 로마의 미래를 미리 보고 돌아오고(6권), 토착 부족과 싸우고(7권, 8권, 9권), 하늘에서 벌어지는 신들의 싸움과 질투를 그린다(10권), 운명의 결투(12권)에서는 아이네아스가 투르누스의 가슴에 칼을 꽂아 전투를 끝낸다.

《백 년의 고독》은 가브리엘 가르시아 마르케스의 작품이다. 소설이라면 줄거리를 요약할 수 있어야 한다. 가벼운 마음으로 《백 년의 고독》을 읽는다면 누구도 등장인물을 파악하거나 줄거리를 쉽게 정리할 수 없다.

스페인어로 지은 등장인물의 이름을 발음하기 어렵고, 아르까디오와 아우렐리아노라는 이름이 할아버지, 아버지, 자식, 손자에까지 등장하는 순환과 반복, 형제 간 여자를 공유하고 본부인과 정부가 여럿 나오고, 근친상간에다가, 사실과 환상이 결합해 있고, 6대 100년에 걸친 역사가 펼쳐지는 탓이다.

마인드맵을 그려가면서 읽어도 헷갈리기가 쉽다. 출판사에서 '부엔디아 집안의 가계도'를 권마다 넣어두어 독자들이 긴 시간

동안 미로를 헤매지 않도록 한다. 마인드맵을 그리며 읽은 후 출판사가 그린 가계도와 견주어보는 것도 재미있는 일이다.

1만 보 걷기와 생각 융합하기

10여 년째 하루에 1만 보를 걷겠다는 다짐을 실천하려고 노력한다. 자동차를 타고 출퇴근하고 엘리베이터로 아파트를 오르내리다 보니 하체가 부실해졌다는 생각에 시작했다. 건강을 생각해서 시작한 1만 보 걷기다. 평균 월별 목표의 2/3인 20일 정도는 걸었다. 여름이나 겨울, 계절에 상관하지 않고 비만 내리지 않는다면 걸었다. 감기에 걸리는 횟수가 현격히 줄어들었다. 언제 소화제를 먹었나? 기억에 없다. 걷기를 꾸준히 하면 노화를 예방할 수 있다고 하니 계속 걸을 것이다.

1만 보 걷기는 만보기를 종일 켜두고 직장생활 하며 걷는 것이 아니다. 내게 1만 보 걷기는 퇴근 후 저녁을 먹고 집을 나서서 만보기를 켜고 온전히 1만 보를 걷는 것을 말한다. 하루에 1만 보를 쉬지 않고 걸으면 약 7킬로미터를 걸을 수 있다. 360여 킬로칼로리를 소모하고 시속 5킬로미터의 속도로 걷는다. 시간은 약 80분가량 걸린다. 2018년 1월 첫 주에 약 5만 보를 걸었다. 시속 5.1킬로미터의 속도로 34킬로미터를 걸었다.

2017년 12월에는 시속 5.1킬로미터의 속도로 약 29시간을 걸었다. 146킬로미터를 걸었다. 3킬로미터 정도를 걸으면 다리가 빠르게 걷기 좋은 상태가 된다. 이때부터 약 3킬로미터가량은 빠른 걸음걸이로 걷는다. 집으로 돌아오는 길은 가볍게 걸을 수 있다.

1만 보 걷기는 자신과 대화하는 시간이다. 아내나 친구와 걸을 때는 묻고 답해야 하니 일상의 궁금증을 풀고 정을 쌓는다. 자신과 대화하거나 생각의 융합은 불가능하다.

사색하려면 혼자 걸어야 좋다. 하루를 돌아보고 내일 해야 할 일을 점검한다. 이런저런 생각이 들기도 하지만 정리 정돈하는 시간이다. 금언을 떠올려 생각하고 또 생각한다.

"어떤 사람이 남을 납득시켜 돈, 혹은 도구를 빌려간 후 그냥 자기 것으로 만들고 만다면 상당한 사기꾼으로 부르지 않을 수 없다. 그러나 그것보다 더한 사기꾼은 그만한 능력도 없으면서 국가를 지도하는 힘이 있다고 기만하여 그렇게 믿게 했던 인간이다."

《소크라테스 회상》에 나온 내용이다. 우리네 지도자를 생각하며 걷는다. 사기꾼에게도 급이 있다. 저급한 사기를 당해도 속상하지만, 지도자가 국민을 기만하는 일은 더 나쁘다. 그런데도 정치 지도자 주변을 어슬렁거리는 사람들을 본다. 지도자 주변 인물이 능력이 있는지 없는지 판단해 본다. 판단을 근거로 지도자를 생각한다.

이런 생각을 하다보면 묵자의 말이 떠오른다. 군자는 물을 거울로 삼지 말고 백성을 거울로 삼으라 했다. 한 사람을 죽인 살인범에게 큰 죄를 물어 죗값을 치르게 한다. 전쟁을 일으켜 수만 명이 죽었을 때는 죗값을 치르게 하지 못하고 전쟁의 승패만을 논한다. 전쟁이 더 큰 범죄인데도 이기기만 하면 그만이다. 죽은 사람을 고려하지 않는다. 전쟁을 벌이고도 옳고 그름을 따지지 않는 왕을 비난하는 묵자의 말이다. 소크라테스의 생각과 묵자의 생각이 같다고 판단한다. 걷다 보면 스치는 생각을 연결하는 경험을 하는 것이다.

"과거를 부인하거나 버리지 말고 있는 그대로 받아들여라"는 《모리와 함께한 화요일》에 나온 이야기다. 직장에서 했던 일 중에 잘못한 일이 떠오르면 자기 합리화를 먼저 생각하게 된다. 내 탓보다 상대를 탓하기가 쉽다. 되돌릴 수 없는 일이다. 있는 그대로 받아들이고 수습할 생각을 해야 한다.

"보증, 그 곁에 재앙"은 《소크라테스 이전 철학자들의 단편 선집》에 실린 금언이다. 나쁜 의도로 보증을 서는 경우는 없다. 가족이나 친인척, 친구를 사랑하고 잘되기를 바라는 마음에서 보증을 선다. 보증을 선 사업이 잘되면 좋은 일이다. 주변에서 보증을 섰다가 잘됐다는 얘기를 들어본 적이 없다. 보증 선 사업이 잘못 진행되면 보증인에게까지 화가 미친다. '선의에 찬 우행(愚行)은 악행과 통한다'는 말과 같은 의도로 풀 수 있다.

주말이나 휴일에 아내와 가족, 친구들과 걸어도 좋다. 사색하는 걷기는 주로 밤에 걷는다.

어느 날은 '선물'을 화두 삼아 걸었다. 《검색의 시대 사유의 회복》에서 '선물'을 이야기했기에 정한 생각 거리였다. 맨 먼저 떠오른 것은 선물을 주제로 한 마르셀 모스의 《증여론》이었다. 《증여론》을 읽기 전에는 선물이란 주는 것이라고만 생각했다. 모스는 선물에서 삼중의 의무라는 개념을 밝혀 알려줬다. 선물은 사실상 주기, 받기, 답례라는 삼중의 의무를 뜻한다고 한다.

선물을 준다는 행위는 답례를 기대한다는 사실을 생각하게 했다. 선물을 주는 것은 내가 하는 일이니 답례를 생각하지 않으면 그만이다는 생각을 했다. 행여 선물을 받게 되면 반드시 답례해야만 하겠다는 다짐을 하게 됐다. 여러 명에게 책 선물을 받은 것을 떠올리며, 좋은 책을 골라 답례로 보내는 것은 선택사항이 아니라 의무여야 한다는 것이 모스의 판단이다. 선물은 이론상 자발적이나 실제는 강제적이며 타산적인 성격을 지닌다는 것이다. 그러면서도 언제나 아낌없이 주는 거라는 형식을 따른다고 한다. 모스는 선물에 호혜성의 원리가 있다는 원리를 연구에서 찾아낸 것이다.

선물이 꼬리를 물고 이어진 것은 《목민심서》다. 박헌영은 모스크바 국제레닌학교에서 공부했다. 당시 베트남 호찌민을 만났다. 박헌영과 호찌민은 각별히 친밀했다. 박헌영은 호치민에게 다산 정약용의 《목민심서》를 선물했다. 민중을 어떤 마음으로 만나야 하는가를 서술한 목민심서가 호찌민에게 영향을 준 선물일 거라는 생각을 한다.

아내와 대화에서 선물로 생겼던 오해도 생각했다. 보통은 생일이 다가오면 알아서 선물 해주기를 바란다. 내가 뭘 원하는지 말하는 것은 상대에 대한 나의 선물이라는 글을 떠올렸다. 라캉이 말한 '언어는 트로이 목마와 같은 위험한 선물'을 떠올리며 '가는 말이 고와야 오는 말이 곱다'고 생각이 꼬리를 물고 나간다. 홀로 걷기 는 독서 후 생각의 융합을 경험하게 하는 계기다.

《세상에서 가장 이기적인 조언》은 최근에 1만 보 걷기 중 곱씹어 보는 소재다. '이기적인'이란 단어는 거부감 느끼게 한다. 누구나 이기적인 사람이라는 평가를 받는 치욕을 두려워하기 때문이다. 17세기 스페인 철학자이자 가톨릭교회의 신학 교수 발타자르 그라 시안의 책을 번역한 것이다.

책 제목을 정하는데 '세상을 사는 지혜'라는 평범한 뉘앙스가 독 자를 끌지 못할 거라 판단하지 않았을까? 자극이 필요한 세상이다. 읽어가면 부족하고 외로운 독자에게 위안과 희망을 주는 아포리즘 이 있다. 실천이란 당위성은 미뤄두더라도 냉정한 태도로 나를 점 검해보는 기회로 삼자고 걷기를 나서기 전에 하나씩 읽고 나섰다. 170여 개의 경구가 모두 생각 거리다. 어느 것 하나도 버릴 수 없는 보물이다.

- 지혜 없는 용기는 무모하고 용기 없는 지혜는 무기력하다.
- 겉모습에 속지 마라. 와인 병의 상표를 바꿔 붙이는 일은
  너무나도 쉽다.
- 적게 노력하고 많이 얻는 방법은 그저 예의를 지키는 것이다.
- 일직선으로 나는 새는 총에 맞기 딱 좋다.
- 궁지에서 탈출할 가장 좋은 방법은 느긋함이다.
- 공식 석상에서는 가면을 쓰고, 인간 대 인간으로 만날 때는
  맨얼굴로 있자.
- 잘잘못을 따지는 재판관보다는 죄지은 이를 살피는 참된
  어른이 되어라.
- 감정에 휘둘리지 마라.
- 자신을 전쟁터로 내모는 것과 다름없다.
- 미움의 원인은 생각보다 별것 아닌 경우가 대부분이다.
- 단점은 어디까지나 그 사람의 일부분일 뿐이다.
- 상상력은 나를 행복하게도 불행하게도 할 수 있는 괴물이다.
- 상반된 성질이 만났을 때 가장 조화롭다.
- 다른 사람의 비밀을 알게 되는 것은 시한폭탄을 떠안는
  일과 같다.
- 세상의 평판을 너무 얕보지 마라.
- 근거 없는 소문이 신용을 좌우한다.

- 채워지지 않는 욕망이 있는 자는 남에게 이용당하기 쉽다.

- 세상에는 지식만으로 해결할 수 없는 문제가 셀 수 없이 많다.

- 박수를 받았다고 우쭐하지 마라.

- 단상 위의 연설은 늘 박수를 받는다. 곁에 있다고 해서 모두 내 편은 아니다.

- 성공은 시대에 좌우되지만, 도덕은 시대에 좌우되지 않는다.

- 그치지 않은 비는 없고, 동트지 않는 밤은 없다.

- 뛰어난 재능도 너무 눈에 띄면 손가락질을 받는다.

- 혼자 있을 때도 수많은 눈이 지켜보고 있다고 생각하라.

- 모든 처세술은 덕을 쌓아야 한다는 하나의 메시지로 통한다.

- 기회를 눈앞에 두고 꾸물거리다가 놓치는 것보다 일단 행동하고 나서 실패하는 편이 낫다.

- 자신을 희생하면서까지 다른 사람을 배려할 필요는 없다.

- 남의 평가에 과민하게 반응하지 마라.

- 이유 없이 미움 받고 싶지 않거든 먼저 상대방을 존중하라.

- 진실을 말하지 않는다고 해서 거짓말쟁이가 되는 것은 아니다.

《세상에서 가장 이기적인 조언》

그리스 신화에서 이카로스는 아버지 다이달로스와 함께 백랍(白蠟)으로 만든 날개를 달고 미궁을 탈출한다. 아들은 아버지의 충고를 잊고 태양에 너무 접근하는 바람에 날개가 녹아 바다에 떨어져 죽는다. 이 신화를 《통섭》에서 '지식의 계속된 파편화와 그것으로 인한 철학의 혼란은 실제 세계의 반영이라기보다는 학자들이 만든 인공물이다' 로 연결하는데, 쉽게 이해되지 않아 애를 먹었다. 자신의 한계도 느낄 수 있었다.

김정운은 "산책은 우울함에 대항하는 가장 강력한 무기다", "걷기는 고도의 문화적 행위다"라며 "계속 걷자, 사색하자"고 응원한다.

독서노트 쓰기

독서노트를 쓰는 시간은 자신과 대화하며 성장하는 시간이다.

벼락치기 시험공부를 열심히 해서 시험을 치르고 나면 금방 잊어버린다. 배꼽 잡고 웃으며 들었던 19금도 하루만 지나면 생각나지 않는다. 독서도 마찬가지로 읽고 나면 잊어버린다.

강신주가 풀어 놓은 장자 철학 《망각의 자유》는 소통하기 위한 필요조건을 알려준다. 내가 갖고 있는 타자에 대한 선입견, 부정적 생각, 분노, 미움 등을 잊으라 한다. 자신을 비우라고 한다. 말은 좋다. 선입견이나 부정적 생각, 분노, 미움을 잊는 것은 좋은데, 읽은 책의 내용을 잊는 것은 아쉽다. 잊지 않으려고 독서노트를 쓴다. 독서만큼 비중을 두고 독서노트를 쓰고 있다. 처음부터 제대로 쓴 독서노트가 아니다. 작성한 독서노트를 살펴보면 세 단계로 변화했다.

1단계는 일기 쓰듯이, 학생이 독후감을 쓰듯이 도서명, 저자, 줄거리, 감상을 적었다. 일기와 별로 다르지 않았다. 페이스북에 노트 메뉴가 있다. 한글에서 글을 쓰고 페이스북에 올려 공개했다. 독서일기라고 봐야 한다.

2단계는 책을 읽으며 메모한 것, 마인드맵으로 파악한 소설 줄거리, 기억하고 싶은 아포리즘, 모르는 단어나 개념을 정리하고 내용을 요약했다.

3단계는 2단계 내용에 더해 읽은 책에서 느낀 것이 무엇인가, 나는 무엇을 얻었는가를 생각하며 적었다. 나에게 어떤 변화를 주었는가도 적었다.

독서노트는 새로운 지식과 도움이 되는 부분, 내 생각과 다른 부분에서 새로운 관점을 갖게 했다. 결국, 독서를 통해 다양한 관점이 존재함을 알고, 나의 관점을 선택하는 여유를 갖게 했다.

독서노트는 책을 읽고 나서 하루가 지나기 전에 워드로 정리하려고 노력했다. 메모한 내용이 있어도 읽을 때의 생각과 느낌이 사라지지 않기를 바라기 때문이다.

독서노트를 적어가는 시간이 지남에 따라 독서노트 분량이 늘어났다. 독서노트를 적기 시작했을 때에는 A4 1/2 장 정도 분량을 적었다. 몇 달 지나지 않아 A4 한 장을 넘겼다. 몇 달 더 지나자 A4 2장 이상으로 분량이 늘어났다. 책에 따라서는 A4 너댓 장 분량으로 작성한 것도 있다. 페이스북 친구 중에는 너무 길어서 읽기 힘드니 짧으면 좋겠다는 댓글도 달아주었다.

책은 처음부터 끝까지 읽어야 한다고 생각한다. 이해할 수 없어 책장을 넘기긴 했어도 발췌독은 시도해보지 않았다. 책이 다룬 영역과 종류에 따라 일부분만 보아도 얻을 것이 있을 때도 있다고 한다, 맥락을 놓치고 싶지 않아 끝까지 읽으려고 애썼다. 역사 분야가 그렇다. 철학 분야는 이해하기 어려운 부분이 있어 읽기를 중단한 책도 있다. 읽을 수 있는 부분까지는 읽었기 때문에 무엇을 모르는지 한계를 확인할 수 있다.

독서는 배움이라고 생각한다. 쉬는 시간을 보내는 킬링타임용으로 독서를 하지 않았다. 배움이란 다른 세계의 것을 받아들여 나에게 적용해 어떤 변화를 주거나 성과를 내는 것으로 판단했다. 책을 읽고 아무런 도움이 되지 않는다거나 괜히 샀다고는 생각하지 말아야 한다.

베스트셀러를 얕잡아 보는 사람들이 있다. 베스트셀러는 변해 가는 시대를 알아챌 수 있는 신호를 담고 있다. 많은 일반인이 사서 보기 때문이다. 베스트셀러를 책의 수준이 낮다고 저평가하고 읽지 않는다면 배우는 기회를 놓쳐 버리고 만다. 계절이 바뀔 때마다 베스트셀러 목록을 살펴본다. 유대인은 지혜에 세금이 붙지 않는다고 여긴다. 다양한 책을 읽어 좋은 내용이 내면에 쌓여갈수록 책을 읽는 즐거움이 커졌다. 독서노트가 있어 예전에 읽은 책과 현재 읽는 책을 견주어보기도 했다. 애써 고전을 먼저 읽으려고 노력했다. 고전은 현대에 맞지 않고 이해하기도 어려워 보인다. 그러나 그렇기 때문에 '내 경우라면 어떨까?' 라고 고쳐 생각하려고 노력했다. 당장 도움이 되는 것은 아니다. 시대가 너무 다르기 때문이다. 근원적이고 본질적인 것을 자신이 처한 상황에 맞게 바꾸어 봐야 한다고 믿었다.

2010년 부터 500번이 넘게 독서노트를 써왔다. 독서노트를 쓰며 생각한다. 생각이 글쓰기의 기본이며, 글쓰기의 원천은 독서라는 가르침은 송숙희 님이 《읽고 생각하고 쓰자》에서 배운 거다.

독서노트를 쓰며 새로운 일을 벌였다. 글쓰기 책을 여러 권 사 읽었다. 페이스북에 공개하는 독서노트라도 잘 써보고 싶은 욕구가 생겼던 거다. 한때 갈등구조, 의식의 흐름, 제재 찾기를 생각하며 생각으로만 짧은 얘기를 꾸며보기도 했다. 글쓰기 책을 읽는다고 작가가 되지 않는다. 내 생각과 내 모습을 글로 제대로 옮길 수 있다면 좋으리라는 생각이었다.

사진은 내 모습을 남기지만 생각을 남기진 못한다. 1만 보 걷기와 함께 독서노트를 쓰는 시간은 자신과 대화하며 성장하는 시간이라고 믿는다.

3부

교과서가 가르쳐 주지 않는 지식을 향한 독서

6장

생각의
전환

교과서 밖의 지식

교과서에서 배운 것과 집중 독서를 시작하기 전에 알고 있던 지식
은 이미 낡았다. 살아오며 전공 분야가 아닌 세계사, 생명과학, 예
술, 경제 등에 관심을 두지 않았다. 대학에서 배운 지식을 팔아 봉급
받는 생활을 해왔다. 대학원에 다닌 일도 이력서에 기록한 것 말고
보탬이 되지 않았다. 경력이 쌓인다고 지혜가 생겨나지 않는다.

사회는 빠르게 발전하고 통섭을 이야기한다. 더 배우기 위한 독
서를 미루지 말아야지 생각한다. 여유를 갖고 집중 독서를 시작하
니 모르는 것과 새로운 것이 많다는 사실을 깨닫는다. 뒤늦게 시작

한 독서라서 부끄러운 마음이다. 부끄러워하지 말라는 위로가 책에 있다.

 다음은 책을 읽고 나서 지금껏 너무도 몰랐다는 사실을 깨달은 12가지 사례다.

 중학교 사회시간에 르네상스기 이탈리아 문학을 다루며 저자와 작품을 소개했다. 흑사병이 창궐하던 14세기 이탈리아 피렌체가 배경이다. 전염병을 피해 산으로 들어간 일곱 여인과 세 남자가 열흘간 지어낸 이야기들이라고 가르쳤다. 《데카메론》이 답이 되도록 시험 문제를 냈다. 그 이상은 입 밖에 내놓지 못했다. 마흔이 넘어서 《데카메론》을 제대로 읽었다. 얼마나 허망한 가르침이었는지 부끄럽다.

 《데카메론》은 성직자의 부패, 상인들의 삶, 어떤 남자든지 절세미인을 탐한다는 이야기다. 옛날이나 지금이나 크게 다른 바가 없다. 고해성사를 이용하여 이익과 명예를 얻은 사례, 누명을 쓰고 수십 년을 살다가 명예를 회복한 일도 있다. 교묘한 방법으로 궁지에서 벗어나는 일, 재치 있는 말, 사기 행각도 소재다. 강도당한 사람이 전화위복이 되는 일, 부자가 되는 이야기, 악마를 지옥에 몰아넣는 희망 섞인 이야기도 담고 있다. 일곱 번째 날 이야기가 압권이다. 바람을 피우는 현명한 아내가 남편을 멍청이로 만드는 이야기들이다. 이런 이야기들을 쓴 까닭을 보카치오는 서문에 다음과 같이 밝히고 있다.

> "여자는 섬세해서 자기 운명을 견디기가 쉽지 않습니다. 그렇기에 운명에 휘둘린 여자들을 어떤 식으로든 치유하고 위로하기 위해서, 사랑에 빠진 그들이 구원을 받고 안식을 얻을 수 있도록, 100편의 이야기를 들려 드릴까 합니다. 사랑에 빠지지 않은 여자들이야 바느질을 하거나 물레를 돌리거나 실을 감는 것으로도 충분하겠지만요."

왜 《데카메론》이 중세를 벗어난 르네상스기 작품으로 평가되는가를 직관적으로 알 수 있다. 14세기에 지어진 이야기인 《데카메론》이 왜 르네상스를 알리는 작품이며, 보카치오가 인문주의자인지를 알 수 있다. 《데카메론》을 읽고 수업했다면 얼마나 재미있고 의미 있는 수업이었을까. 단편소설을 쓰는 현대 작가라면 《데카메론》을 읽었으리라고 생각한다. 단편소설을 쓰는 사람에게는 영감을 줄 거라는 느낌이다. 나도 이렇게 써보고 싶다. 요즘 스토리텔링이라는 기법으로 회사를 홍보하고, 제품에 이미지를 입히고 학교에서도 스토리텔링 기법으로 교수-학습을 시도하고 있다. 스토리텔링이란 단어와 개념이 당시에 없었을 뿐, 보카치오가 지은 《데카메론》은 스토리텔링의 전형이 아닐까. 보카치오는 타고난 이야기꾼, 스토리텔러다.

최근 읽은 《행복한 그림자의 춤》의 작가 엘리스 먼로가 캐나다의 체호프라고 평가되면서 단편소설 작가로 이름을 내고 있다. 아마도 그도 이 책을 읽지 않았을까!

《생각을 넓혀 주는 독서법》을 읽으며, '책을 읽으려면 제대로 읽어라', '수준을 높여서 책을 읽어라'는 저자의 의도에 공감했다. 일찍 이 책을 만났더라면 생각 없이 책을 읽는 습관을 고칠 수 있었을 터라는 아쉬움이 있다. 대학교 1학년 정도에 이 책을 읽는다면 평생 독서에 큰 도움이 될 것이다.

《성학집요》는 책 이름만 기억하고 있었다. 어떤 내용이라 의미가 있는지 독서를 통해서 알게 됐다. 《성학집요》는 율곡이 지어 왕에게 올린 책이다. '왕을 높이고 자신을 낮추어 은혜에 보답고자 2년간 연구하여 완성했고, 제왕이 학문할 때 근본이 되는 것과 말단이 되는 것, 정치할 때 먼저 해야 할 것과 나중에 해야 할 것에 관한 것'을 담았다고 밝힌다. 후세 사람들이 '사서와 육경의 입문서'라고 평가한다. 학문을 배우려면 《소학》, 《대학》, 《논어》, 《맹자》순으로 배우라고 한다. 《대학》에는 덕(德)으로 들어가는 문이 있고, 《맹자》에서는 성인의 도(道)를 볼 수 있다 한다. 성리학의 시작과 흐름을 정리해볼 수 있다. 학창시절 역사 시간이나 한문 수업에서도 배우지 못했다. 책을 읽지 않았다면 어떻게 알 수 있겠는가.

교과서는 보통선거, 평등선거, 직접선거, 비밀선거가 민주 선거의 4원칙이라고 가르친다. 학생은 암기하고 답한다. 알렉시스 토크빌은 《미국의 민주주의》에서 "합중국의 민주정치에서 보통선거제가 결코 국민적 선택의 지혜를 보장하는 방법은 아니다"고 한다. 토크빌의 생각을 독서로 알았다면 그가 왜 이런 생각을 하게 되었을까 질문하고, 학생의 의견을 들어보는 수업을 할 수 있었을 텐데. 당시 사람들의 평등에 관한 생각을 유추해보는 시간을 만들지 못한 아쉬움이 남는다.

《분노의 포도》를 읽기 전에 포도를 포장도로로 생각했다. 시인들이 포장도로를 포도라고 표현하는 걸 보았으므로. 실제는 먹는 포도다. 저자 존 스타인 벡은 제임스 딘이 주연한 영화 〈에덴의 동쪽〉도 지은 작가라는 걸 뒤늦게 알았다.

《하이쿠와 우키요에, 에도 시절》을 읽지 않았다면, 인상적이고 익숙한 우키요에인 '가나가와 앞바다의 큰 파도'를 보고 일본이 밀려드는 서양 문물과 사상에 뒤집힐 듯한 모양새의 배 두 척으로 묘사되고 있음을 어떻게 알겠는가.

문화, 사회, 개인이란 단어는 메이지 지식인이 만들고 오늘날처럼 자연스럽게 사용하게 된 것은 100여 년에 불과하다. 문화는 후쿠자와 유키치의 '문명 개화론'의 축약어로 그는 서구화와 문명화를 동일시했음을 《에디톨로지》를 읽고서야 알게 됐다.

루소가 《인간 불평등 기원론》에서 인간의 지식 가운데 가장 유용하나 가장 뒤떨어진 것이 인간에 대한 지식이라고 한다. 델포이 신전에 새겨 있는 "너 자신을 알라"가 두툼한 책보다 더 큰 교훈을 담고 있다고 말한다. "너 자신을 알라"는 소크라테스가 말한 것으로 배우고 그렇게 알고 살아왔다. 또 그렇게 가르치기까지 했다. 부끄러움을 피할 방법이 없다.

'작은 것이 아름답다', 'Small is beautiful'은 광고 카피에서, 강연에서 듣고 본 익숙한 표현이다. 1980~1990년대 일본의 가전제품처럼, 혹은 잡스의 영혼을 담은 아이폰처럼 군더더기 없는, 또는 문자대로 작은 것이 아름답다는 것으로 이해했다. 그러나 그건 오해고 무지함을 드러낸 해석이다. 슈마허의 책 제목에서 Small은 오늘날 '적정기술'이라고 이해하는 것이 가장 본뜻에 가깝다. 《작은 것이 아름답다》는 경제학 서적이다.

　최근 출간된 《전문가와 강적들》에서 사용된 주요 용어들이다. 너무 모른다는 사실을 다시 확인한다.

　- 더닝-크루거 효과(Dunning - 0Kruger Effect) : 우매한 사람일수록 자신이 우매하지 않다고 더 강하게 확신한다.

　- 스터전의 법칙(Sturgeon's Law) : 공상과학 소설 작가 시어도어 스터전이 한 말이다. "모든 글의 90퍼센트는 쓰레기다"

　- 평등편향(equality bias): 사람들 사이에 상당한 우열 차이가 존재한다는 것을 알고 있더라도, 서로에게 공정한 시간을 할애하고, 모든 의견에 평등하게 귀를 기울이려고 한다는 사실. 관계를 깨는 위험을 무릅쓰기보다는 상대편에게 중요한 대상으로 남아 있기를 원하는 경향이다.

　《이기적 유전자》의 결론이다.

　"모든 생명의 원동력이자 가장 근본적인 단위는 자기 복제자다."

　"우주의 어떤 장소든 생명이 나타나기 위해 존재해야 하는 유일한 실체는 불멸의 자기 복제자뿐이다."

어떤 복제 과정도 완전치 않아 변이체가 생기며, 시간이 지남에 따라 세상은 강력한 자기 복제자로 채워진다고 한다. 책을 읽었다고 읽은 내용 모두를 이해한다고 말하기 어렵다.

책을 읽으면 모른다는 사실을 알게 된다. 모르는 원인은 읽지 않았기 때문이다. 독서는 계속해야 하는 공부다. 《코레예바의 눈물》, 《마오의 독서 생활》, 《김원봉 평전》, 《친일문학론》, 《프레이저 보고서》를 읽는 까닭은 범생이의 생각에서 벗어나려는 신호다.

'한 권의 책이 세상을 바꾼다' 라는 의미는 내가 바뀌면 다른 세상을 볼 수 있다는 뜻이다. 이 말을 이해하지 못하고 한 권의 책이 독이 될 수 있다고 평가절하하는 사람이 있다. 한 권의 책으로도 관점이 바뀌면 세상이 달라진다.

금강변을 따라 '백제큰길' 이 개통되자 금강을 보며 드라이브 할 수 있게 됐다고 좋아했다. 자동차를 타고 드라이브를 갔다가 정확하게 운전석 눈높이에 세워진 가드레일만 보고 온 경험에서 느낀 거다. 승용차를 운전하다가 버스를 타면, 보는 시야가 달라진다. 우리가 도시를 방문하면 비싼 돈을 내고 고층 전망대에 올라간다. 전망대에 오르는 이유는 잠시나마 관점을 바꿔 볼 수 있기 때문이다.

학창시절 교과서로 배운 관점을 바꾸기는 쉽지 않다. 독서는 관점을 바꿀 수 있게 도와준다. 서서히 바꾸든 한꺼번에 바꾸든 관점을 바꾸게 한다. 비트겐슈타인의 책은 읽어도 이해할 수 없지만, "당신이 세상을 변화시키기 위해서 할 수 있는 유일한 길은 당신 자신을 변화시키는 것이다"는 조언만은 마음에 새긴다.

독서에서 진실과 즐거움을 찾다

좋은 책을 골라 읽어 지식을 얻는다. 독서가 몸에 배면 지혜로워 질 수 있다. 어려운 책을 읽고 나면 사막을 통과해낸 느낌을 받는다. 재미있는 소설은 시간 가는 줄 모르는 즐거움을 주고, 배울 것이 많은 책은 읽으면 성취감도 따라온다. 배운 것과 다른 진실을 알수 있다.

독서에서 진실과 즐거움을 알게 한 사례다.
《공자와 세계》 다섯 권을 읽는다. 동양과 서양의 철학을 견주어 본다. 공자와 맹자의 사상이 유럽에 전해져 계몽사상으로 발전했다는 사실에서 새로운 시각이 열린다. 저자는 원고지 1만 매 분량의 원고를 쓰는 고통을 겪는다. 고통의 대가 덕분에 많은 독자는 진실에서 지적 즐거움을 느낀다. 교과서에서 전혀 다루지 못한 진실이다. 《갑진왜란과 국민전쟁》을 통해 알게 된 진실이다. 일본이 1904년 2월 6일부터 2월 20일까지 진해만, 마산포, 인천항, 서울을 무력 점령하고 남양(화성) 해안, 군산, 원산, 진남포 등에 4만 5,000명의 병력을 침투시켰다. 이를 황태연 교수는 갑진왜란으로 정의한다. 우리에게 갑진왜란은 생소하다. 갑진왜란은 일제가 3일 뒤에 일으킨 러일전쟁에 의해 가려졌고, 또 일제 치하 일본인 사가들과 친일사가들이 감추려고 애썼기 때문이란다. 또 하나의 놀라운 진실은 3·1운동에 유림들이 참여하지 않았다는 것이다.

"유림과 천주교 지도자들은 3·1운동에 앞장서는 것을 거부했다. 당시 교도수가 300만에 달했던 국민종교 동학(천도교)이 민족대표의 수적 비중에서도 주도적이지만 자금 동원, 기미독립선언서 인쇄와 살포, 태극기의 제작과 보급, 만세운동의 조직화와 전국적 확산 등에서도 주도적이었다. 여전히 성리학에 빠져있던 당시 유림은 소위 황도유학(독자 주: 조선유교연합회가 내세운 것으로 천황이 정점에 있는 신도가 유교와 결합된 충효일치의 일본화된 유교를 말한다)에 가담해 거의 다 친일화되어 3·1운동을 멀리했다. 친일화되지 않은 소수의 잔존 유생들도 이단 쌍놈들(동학, 기독교도들)의 주도를 못마땅하게 여겨 동학, 기독교도 측 민족대표들의 연락을 받고도 이들의 가담요청을 거부했다. 그리하여 33인 민족대표단에는 단 한 명의 유생도 참여하지 않았다. 따라서 성리학에 절은 영남지역에서 운동주도층에 가담한 경상도 사람도 전무했다."

《갑진왜란과 국민전쟁》

《지리의 힘》은 책 읽기의 즐거움에 지식도 덤으로 준다. 1879년 칠레와 볼리비아가 전쟁을 치렀고 볼리비아는 해안을 뺏겨 내륙국가가 됐다. 그래도 여전히 해군을 보유하고 있는 볼리비아는 남미에서 세 번째로 천연가스가 많지만, 이웃나라 칠레에는 팔지 않는다.

브라질의 항만이 낙후되어, 최대항구 일곱 개의 물동량을 합쳐도 미국의 뉴올리언스에도 못 미친다. 브라질은 미국에 가끔 적대적인 태도를 보이나 러시아나 중국 편도 들지 않는다. 브라질 사람들이 아르헨티나 사람들을 비웃는 말이다.

"그러한 세련됨이 그처럼 엄청난 난장판을 만들 수 있다는 것을 보여주는 유일한 국민"

사헬 지대에서 아랍인은 도급 형태로 노예들을 모아 소금을 옮겼다. 15~16세기 오스만 제국은 주로 수단 출신 수십만 명의 아프리카인을 이스탄불, 카이로, 다마스쿠스 등지로 보냈다고 한다.

《말공부》는 수많은 중국 고대사 인물에 얽힌 말의 향연이다. 공자, 맹자, 안연, 빈객 모수, 자로, 관중, 조조, 유비, 포숙, 맹상군, 오자, 증자, 환공, 유방, 항우, 한신, 번쾌, 주 문왕, 강태공, 자공, 안자, 자하, 장자, 장의, 혜자 등의 말을 싣고 있다. 《말공부》는 중국 고전에서 말을 잘해야 한다는 중요성에 기준을 두고 사례를 모아 분류한 것이다. 몇 개의 사자성어를 기억해서 대화에 쓰는 것은 누구나 할 수 있다. 이처럼 여러 책에서 대화를 골라 분류하는 것은 동양고전에 대한 저자의 내공을 짐작하게 한다. 책을 읽고 나면 눈을 감고 주나라부터 춘추전국 시대까지 등장하는 인물을 떠올려 본다. 등장인물이 어떤 상황에서 어떤 말을 했는가를 되뇌어보는 재미가 있다. 물론 다 기억하지 못하니 가까이 두고 틈틈이 본다. 다행히 몇 권의 고전을 읽은 사람이라면 《말공부》를 읽는 데 도움이 된다.

어느 여름에 소설을 읽자고 기욤 뮈소의 소설 《구해줘》, 《사랑하기 때문에》, 《당신, 거기 있어 줄래요?》를 샀더니, 막내딸이 옛날 거란다. 《구해줘》는 본문이 446쪽인 장편소설임에도 한번 잡으면 놓지 않고 읽을 수 있었다. 도서관 밖 찜통더위가 무서워 시원한 도서관에서 나오지 않은 적도 있다. 영화를 본 듯한 느낌이다. 뉴욕 거리 묘사는 메릴 스트립과 앤 헤서웨이가 나온 〈악마는 프라다를 입는다〉가 떠오른다. 리암 니슨이 주연한 〈테이큰〉 같은 상황도 벌어진다. 뉴욕 뒷골목을 묘사한 장면에서는 〈원스 어폰 어 타임 인 아메리카〉가 떠오른다. 10년 전에 총에 맞아 죽은 경찰이 다시 등장하니 환상인지 실제인지 헷갈린다.

기욤 뮈소의 소설 세 편은 모두 영화를 본 듯한 느낌을 준다. 소설의 구성이 과거와 현재를 왔다 갔다 하기에 정신 차리지 않으면 맥락을 놓치기 쉽다. 읽고 난 후 소설을 분해하여 시간순으로 재구성하고 싶다는 생각도 해본다. 적절한 긴장감은 소설을 손에서 놓지 않게 한다.

할레드 호세이니의 《연을 좇는 아이》와 《찬란한 천 개의 태양》, 《그리고 산이 울렸다》를 읽는다. 아프가니스탄 사람들의 고통을 전해준 호세이니를 페이스북 친구로 삼는다. 살만 루슈디가 《한밤의 아이들》을 통해 인도 현대사를 생생하게 들려준 덕분에 인도 지리와 역사를 공부하는 기쁨을 누린다. 둘 다 타고난 이야기꾼이다.

가장 좋아하는 작가는 이문구다. 이문구는 충청도 사투리를 구수하게 구사한다. 그의 책을 여섯 권 째 사서 읽는다. 《나의 문화 유산답사기》를 쓴 유홍준이나 《강산 무진》, 《남한산성》을 쓴 김훈은 아직 이 세상에 있으니 작품을 더 내놓을 거다. 이문구는 이미 먼

나라로 가 있기에 더는 책을 낼 수 없다는 안타까움도 한몫을 한다. 《관촌수필》, 《내 몸은 너무 오래 서 있거나 걸어왔다》, 《우리 동네》, 《매월당 김시습》, 《줄반장 출신의 줄서기》는 이문구 팬이 되도록 만들었다.

《외람된 희망》은 사후에 나온 이문구 문학에세이다. '이문구 문체'가 보인다는 에세이는 그의 유년시절, 노동판에서의 삶, 민주화 운동 하면서 살아온 날들을 회상한다. 발안과 보령에서 살던 날들에 대한 추억도 담고 있다. "글쟁이로 살면서 두루춘풍이로 비쳐서 실천문학을 발행하던 시절들에 대한 기억"이라고 한다. 이문구의 생각이 담긴 문장 몇 개를 메모한다.

> -"누구라도 먼저 소리가 나는 쪽으로 돌아다보기 마련이 아니던가. 하물며 들리는 소리의 태반이 비명 소리, 신음 소리, 한숨 소리였던 어둠의 시대였음에랴."
> -"거저 주마던 계집도 데리고 나설 틈이 안 나서 실없이 군자 소리를 들어가며 산 바쁜 겨를에도, 제철에 이르면 어김없이 덧잎이 돋는 뿌리 깊은 밑동과 비스름한 것이었다."
> -"望百이라면 천수로 치는 데에 서운함이 없으리라."
> -"오는 가을이 여러 사람의 풍년이기를 빌면서"
> -"겨우내 붐비던 휘몰이 바람이 아주 떠나간 들판은 아직도 서

리를 겹으로 뒤집어 쓴 채 늦잠이 한창인데"

-"울타리로 몰려들어 벗은 나무 잔가지마다 겹으로 열린 참새 떼는 놀 데가 마땅치 않아 저희들끼리 시끄럽고"

-"경외롭기로는 보잘것없는 것들의 목숨에 견줄 것이 없었다."

-"언제나 우리 둘레에 흔히 있었음에도 내동 모른 척 하다가 물난리나 이리역의 폭약사고 같은 큰 불행이 생겨야만 비로소 불우이웃돕기 성금을 마련하려는 게으름도 큰 부끄러움이며,"

7장

새로운 사실을
알다

세계사를 다시 본다

베이비붐 세대의 막내로 태어나 21세기를 산다. 영화를 보고 명
장면, 명대사를 기억한다. 소설을 읽고 줄거리를 정리하듯 지난 20
세기를 정리한다면 어떻게 할 수 있을까. 너무 열어두면 누구나 정
리하기 힘들다. 강대국 중심으로 '세계질서' 라는 키워드로 정리해
보자.

전쟁, 냉전, 평화공존을 고른다. 순서대로 펼쳐 놓으면 20세기
세계질서라고 평할 수 있지 않을까. 1914~1945년까지 중간에 쉬는
기간은 있었으나 1차, 2차 세계대전이 벌어진다. 너 죽고 나 살기

로 싸운다. 1945년~1972년까지를 냉전 시대라 볼 수 있다. 세계가 두 진영으로 나뉘어 으르렁거리던 기간이다. 약소국은 강대국인 미국에 붙거나 소련에 붙어야 한다. 1972년 닉슨 미국 대통령이 당시 공산당이 지배하던 중국을 방문한다. 이후부터 평화공존 분위기가 싹튼다.

193개가 넘는 UN 가입국의 역사 100년을 정리해보는 시도는 불가능하다. 어떤 시도도 오류와 허점을 가질 수밖에 없다. 고래싸움에 새우 등 터진 사례, 국제 분쟁, 잊힌 역사를 안다면 우리가 할 일이 무엇인가 알 수 있다고 기대한다.

20세기 전쟁을 일으킨 독일과 최대 피해자

독일 20세기는 세 문장으로 정리할 수 있다. 1차 세계대전을 일으켰다 패했다. 몇 년 쉬었다가 다시 2차 세계대전을 일으켰다가 또 패한다. 라인강의 기적을 일으키며 유럽 강대국으로 다시 일어선다.

1차 대전에서 패하고 20년 후 다시 세계대전을 일으킨 독일은 정신이 나갔던 것일까? 그렇기도 하고 일부는 그렇지 않기도 하다. 히틀러는 대중을 휘어잡는 연설을 할 줄 알았다. 선전상 괴벨스도 히틀러 못지않게 말발이 셌다. 대중을 휘어잡는 연설로 독일 국민을 현혹하고 세뇌했다. 독일 민족은 아리안 인종으로 세계에서 가장 우수한 민족이다. 얼마나 우수한가는 우생학적 증거를 모아 활용한다. 철학자도 참여한다. 학자를 동원해서 만든 허구다. 대신에 유대인을 유럽에서 멸종시켜야 할 족속으로 표현한다.

독일은 이렇게 독일 국민을 세뇌해 한 방향으로 몰아갔다. 개인의 가치보다 독일이라는 전체의 가치를 높게 평가했다. 독일 국민 개개인은 독일이라는 전체를 위해 행동해야 한다고 교육했다. 당시 독일은 정신이 나갔다고 생각하는 까닭이다.

2차 대전을 일으킨 다른 상황도 있다. 1차 대전에서 패한 후 독일 혁명으로 바이마르 공화국을 세웠다. 대전 후 맺은 베르사유 조약은 독일이 감당하기 어려웠다. 1917년 러시아 혁명의 여파가 독일까지 미쳤다. 공산주의를 두려워한 자본가, 부자들은 공산주의를 비판하며 극우 세력을 키워간다. 이런 상황에서 바이마르 공화국의 의회 중심 자유민주주의는 비효율적이었다. 개인주의 중심의 자유민주주 수준이 형편없었다.

1929년 경제 대공황은 가난에 시달리는 국민들이 극우세력을 지지하는 계기를 만들었다. 베르사유 조약을 파기하고 배상금을 한 푼도 내주지 않겠다고 내세웠다. 독일 국민이 히틀러를 지지한 까닭이다. 총통이 된 히틀러는 재군비나 옛 영토의 수복, 베르사유 조약 파기를 시행했다. 이후 폴란드를 침공하면서 2차 세계대전을 시작한다. 극우 세력인 나치즘은 개인보다 집단, 공동체의 선과 이익을 위해 효과적인 선전으로 국민을 홀린 것이다.

20세기 유럽은 전체주의(독일 나치즘), 사회주의, 서유럽의 자유민주주의가 '누가 힘이 센가?'를 다툰 시기다. 사회주의(소련)가 자유민주주의(영국, 프랑스, 미국)를 도와 전체주의를 쓰러트린 것이 2차 세계대전이다. 공산주의 국가, 소련이 없었다면 독일의 전체주의가 유럽 자유민주주의 세력을 쓰러트렸을지도 모른다. 2차 세계대전에서 인적 피해를 크게 입은 나라는 전쟁을 일으킨 독일(700만)이 아니라 막아낸 소련(2,700만)이었다.

20세기 국제 왕따, 문제아 이스라엘

유대인은 국제적으로 왕따를 당한다. 이스라엘은 국제적으로 문제아와 같이 행동한다. 어떻게 왕따를 당하고 현재는 문제아로 평가하는가?

십자군 원정 당시에 서유럽은 원정에 나서기 전에 유대인의 존재를 염려했다. 200여 년간 아홉 차례에 걸친 십자군 원정에서 살아 돌아올지 아무도 알 수 없었다. 당시 유럽 곳곳에 유대인이 자리 잡고 살고 있었다. 전쟁에 나간 사이 유대인들이 사회적 해를 끼칠 것을 우려했다. 유대인에 대한 박해를 유럽 여러 도시에서 자행한다.

이후로도 유럽 사회에서 역사적으로 따돌림의 대상이었다.

16세기와 17세기에 많은 유대인이 팔레스타인에 정착한다.

19세기 초 유럽 각국에서 유대인도 정치적 자유를 인정받았다. 계몽주의와 프랑스 혁명은 정치에서 종교를 분리하고 종교를 양심의 문제로 만들었다. 시민사회는 수용하지 않았다. 19세기 후반에 중동부 유럽 유대인들이 유대 국가를 세우자는 운동을 벌였다. 1차 세계대전 중 영국은 전후 유대 국가 건설을 지원하겠다고 약속해 유대인의 지원을 받았다.

아랍세계가 반발하지만, 유대인은 이스라엘을 건국하고 일부는 미국으로 이주한다. 미국으로 이주한 유대인은 소수지만 금융계와 정치계에 완벽하게 자리를 잡는다. 이들이 현재 이스라엘을 지원하도록 정치 경제에 영향력을 행사한다. 이스라엘이 주변 아랍국가와 수차례 전쟁을 벌인다. 장벽을 쌓아 팔레스타인을 구별 짓는 일로 국제적 비난을 받는다. 이스라엘은 막무가내로 행동하며 주변 국가 눈치를 보지 않는다.

유대인, 이스라엘이 국제적으로 왕따를 당하면서도 꿋꿋하게 살수 있는 몇 가지 이유가 있다.

첫째, 유대교는 구약을 경전으로 삼는다. 이는 예수와 제자의 행적을 다룬 신약을 믿지 않는다는 의미다. 신약을 경전으로 삼는 크리스트교도와 이슬람교도 입장에서 곱게 볼 수 없다.

둘째, 예수를 유대인이 배신했다고 믿는 크리스트교도의 자세다.

셋째, 2000년간 국제 떠돌이로 당해온 핍박을 기억하기 때문이다.

넷째, 유대인과 결혼하려는 특유의 공동체 문화는 자신을 고립시킨다.

다섯째, 구약성경은 유대 민족의 역사서다.

황당하고도 가능하지 않게 유대인을 대하는 태도가 있었다. 마르크스주의자들은 국가를 모두 없애는 것을 유대인 문제 해결 방안으로 봐왔다.

20세기에 사라진 유목민

세계 역사상 몽골처럼 대제국을 경영한 나라가 없다. 유라시아를 석권한 최강자다. 동유럽과 러시아는 유목민에게 처참하게 피해를 입었다. 지금도 황인종이 두렵다는 뜻인 '황화(yellow peril)' 라는 단어를 쓴다. 그렇게 유라시아를 주름잡던 유목민은 다 어디로 갔는가? 말을 잘 다룬 유목민은 시베리아 남부 초원지대와 흑해 북부 지역에서 역사에 등장한다.

스키타이, 흉노, 돌궐, 위구르, 거란, 몽골, 여러 칸국, 오이라트, 준가르 등은 시기에 따라 부른 유목국가의 별칭이다. 스키타이가 역사에 처음 등장하는 유목민이다. 흉노라는 유목민은 몽골 고원에서 살며 유목생활과 함께 농경민과 접촉하며 살았다. 초원에서 유목민은 남으로 밀고 들어와 중국 북부를 지배했다. 이 시기가 남북조 시대다. 지금도 중국 내부에 영하회족자치구는 돌궐의 후예가 살고 있다.

수백 년 동안 유목민은 중국 땅을 무대로 흥망성쇠를 반복했다. 진시황제 때부터 장성을 쌓아 유목민의 남하를 막으려고 애썼다. 원나라는 유목민이 중국을 완전하게 지배하던 나라다. 명나라는 몽골족이 세운 원나라를 힘겹게 몰아내고 세웠다. 명나라는 다시 유목민의 공격을 받는다. 명나라가 엄청난 인력과 경비를 투입해서 만리장성을 보강했다. 당시 명나라가 몽골에 대해 두려움이 어느 정도였는지 알 수 있다. 오늘날 북경 여행 코스에 빠지지 않는 만리장성은 명나라 때 구축한 사마대 장성이다.

역사상 최후의 유목국가는 준가르다. 준가르는 텐샨산맥과 타림분지 주변의 동투르키스탄 지역에 있었다. 18세기 중엽 유라시아 역사상 최후의 유목국가였던 준가르는 청의 침입으로 망했다. 19세기에 들어 러시아가 중앙아시아 지역을 점령했다. 유목민이 말을 타고 돌아다닐 지역이 차츰 줄어든 것이다.

몽골 유목민에게 유목민의 특성을 제거한 것은 청나라다.

《아틀라스 중앙유라시아사》에 의하면 청나라는 첫째, 청나라가

팔기제를 시행하여 지역 간 이동을 통제한다.

둘째, 라마교라고 부르는 티베트 불교가 널리 퍼져 유목민의 군사력을 저하(살생 금지)시킨다.

셋째, 한인 상인자본이 몽골 유목 사회에 빈곤화를 초래한다.

20세기 형제가 된 두 나라, 터키와 한국

이슬람 국가인 터키가 한국전쟁에 참전해 우리를 도운 까닭이 궁금하다. 제국주의 국가가 약소국을 침략한 것은 아니다. 교과서가 가르친 대로 국군을 베트남전에 파병한 것과 같은 까닭인가? 지리적으로 멀리 떨어진 터키가 왜 한국전에 참전했는가?

1차 세계대전이 발발하기 전 오스만 제국 상황은 이렇다. 독일이 오스만 제국 영토를 노리고 있다고 판단했다. 영국, 프랑스, 러시아와 동맹을 맺어 독일을 견제하는 방법이 자연스러운 거다. 거절당한다. 오스만 정부는 연합국(영, 프, 러)이 오히려 오스만 제국을 나누려 한다고 판단했다. 할 수 없이 독일과 동맹을 맺는다. 독일이 연합국에 의한 오스만 제국 분할을 막아줄 거라 기대했다.

1920년대의 오스만튀르크의 상황은 구한말 우리의 처지보다 나을 것이 없었다. 외세는 오스만을 쪼개 가지려 하고, 아르메니아와 같은 비투르크 민족들은 독립을 위해 오스만튀르크에 저항했다.

이후 2차 대전에서 중립을 지키려 노력했다.

터키는 냉전이 시작되자 이념이 다른 소련을 견제하기 위해 미국, 유럽과 외교 관계를 강화한다. 강대국에 휘둘렸던 역사를 교훈으로 삼았다. 냉전 시대에 미국이든 소련이든 어느 한 편을 들어야 하는 상황이었다. 국경을 마주한 소련보다 멀리 떨어진 미국과 손을 잡아야 했던 역사다. 터키가 한국전쟁에 참여한 것은 이와 같은 맥락에서였다. 우리의 처지와 터키의 처지가 같고, 피를 함께 흘려 형제의 나라라고 여기는 거다.

경제를 보는 눈을 뜨다

먹고 사는 문제는 언제 어디서나 중요한 과제다.

지갑이 비면 사람은 주눅 들기 쉽다. 배고픈 사람은 나라를 원망한다. 선거 때가 되면 어떤 후보든 경제를 살리겠다고 목소리를 키운다. 문화도 경제가 뒷받침될 때 발전한다.

중국은 먹고 입는 것을 해결해야 다스림을 시작할 수 있다고 생각했다. 사마천은 〈화식열전〉을 통해 부(富)를 예(禮)에 연결한다. 부가 있어야 예의를 안다는 뜻이다. 부자가 되는 데 정해진 직업은 없으나 상업을 하라 한다. 검은 고양이든 흰 고양이든 고양이는 쥐를 잘 잡아야 한다. 이런 생각을 실천한 현대 중국이 자본주의의 장점을 받아들여 강대국으로 성장하고 있다.

이슬람 세계는 가진 자의 재산 중에는 못 가진 자의 몫도 있다는 가치를 중요하게 다룬다. 부의 공정한 분배를 통해 평등 실현을 추구한다. 재산 상속은 다른 문화권에 견줄 때 직계는 물론 많은 혈족을 상속 대상에 포함한다. 재산을 합리적이고 공평하게 배분한다.

국민경제는 산업혁명에서 출발해 현대적인 모습을 갖춘다. 경제활동은 정부, 기업, 가계가 한다. 산업화의 진전으로 기업은 이윤을 최대화한다. 값싼 원료를 구하고 임금을 적게 주어야 이윤이 늘어난다. 정부는 국경 방어와 치안 유지만 담당하고 기업의 경제활동을 방임한다. 이렇게 하는 것이 잘하는 일이라고 판단해 왔다. '보이지 않는 손'에 맡겨둔 경제는 20세기 초에 절정에 도달한다. 노동의 대가인 임금으로 생활하는 노동자의 삶은 기업이 커가는 만큼 나아지지 않았다. 자본주의가 가진 문제다. 아무도 문제를 쉽게 해결하지 못한다. 이윤을 추구하는 기업은 날로 커졌고 정치에까지 영향력을 미친다. 이제 정치는 경제와 함께 움직인다.

기업가의 부가 커지는 만큼 노동자의 부도 커져 함께 잘 살아야 한다. 어떻게 이 문제를 해결해야 할까? 21세기에도 해결하지 못하는 문제다.

애덤 스미스는 수요와 공급이 일치하는 지점에서 상품과 서비스의 가격이 형성된다고 믿었다. 정부가 관여하지 않아도 보이지 않는 손에 의해 움직이는 시장경제가 자본주의의 토대다. 자본주의가 만들어낸 문제에 가장 민감하게 반응하고 비판한 사람이 마르크스다. 마르크스의 생각을 바탕으로 구소련과 중국은 사회주의 국가로 자본주의의 문제를 해결하려고 했다.

20세기 초에 미국에서 경제공황이 발생한다. 미국과 경제로 연결된 유럽과 산업화한 일본 경제가 휘청거린다. 독일과 일본은 식민지 자원을 빼앗아 자국의 먹고 사는 문제를 해결한다. 애덤 스미스가 말한 '보이지 않는 손'이 작동하지 않는 사태다. 이때 등장한 흑기사가 케인즈다. 정부가 시장에 적극 개입하여 대규모 토목 사업을 추진하라 조언한다. 일자리를 얻은 실업자는 소득을 얻어 소비할 돈이 생긴다. 돈을 쓰게 되니 경제가 활성화된다. 케인즈의 조언을 따른 미국은 초강대국으로 성장한다.

자본주의와 공산주의의 대결은 한 세기를 넘기지 못하고 소련의 붕괴로 판결난다. 자본주의가 공산주의를 이겼으니 케인즈의 조언은 다른 나라에서 지금도 효과가 있을까? 공산주의는 패배가 아니라 자폭했다는 시각도 있다.

칼 폴라니는 애덤 스미스의 주장을 비판한다. 저절로 돌아가는 시장경제는 유토피아라고 한다. 도달할 수 없는 지경이라는 것이다. 애덤 스미스의 주장대로 경제를 시장에만 맡겨두어서는 안 된다고 한다.

전혀 다른 시각에서 경제 문제를 해결할 수 있다는 가능성을 찾는 사람도 있다. 인도 경제학자로 노벨경제학상을 받은 아마티아 센이 그런 사람이다. GNP나 GDP를 키우는 게 경제 발전이라는 관점에 태클을 건다. 기업을 지원하느냐 마느냐보다 더 중요한 게 있단다. 사회정책이 강력한 나라와 사회정책이 확대된 시기의 성과를 분석한다. 공공정책이 중요하다고 결론 내린다. 가난한 나라도 공공정책으로 삶의 질을 높인 많은 사례를 찾았다. 경제가 성장해 소득이 높아지기를 기다리지만 말고 공공정책을 펴라고 충고한다.

한 나라의 문화와 신뢰의 가치가 경제에 영향을 미칠까? 어용학자로 평가되기도 하는 후쿠야마는 번영에 문화가 미치는 영향이 중요하다고 말한다. 신뢰가 높은 사회와 낮은 사회의 경제 구조를 견준다. 일본과 독일은 신뢰가 높은 사회라 발전한다고 칭찬한다. 중국과 한국은 신뢰도가 낮은 사회라고 비판한다. 사회의 신뢰도가 장기적 경제 발전에 도움이 될 거라는 지적은 우리나라 지식인도 하는 이야기다. 국민이 내는 성금은 제 몫을 하지 못하고 엉뚱하게 쓰이는 상황도 생긴다. 신뢰도가 낮다는 평가로 속이 상한다. 신뢰에 기초한 경제적 번영은 우리가 해낼 일이다.

경제활동에서 인간은 합리적 존재인가? '그렇다'가 애덤 스미스의 전제다. 우리는 기분에 따라 돈을 쓸 때가 있다. 대니얼 카너먼은 《생각에 관한 생각》에서 인간이 논리적 사고와 합리적 행동을 하는 이성적 존재라는 가설을 부정한다. 직관적 판단과 선택을 이해하는 데 감성의 비중이 크다고 본다. '보이지 않는 손'에 의해 움직이는 시장경제의 조건이 성립하지 않는다는 것이다.

세계는 20세 후반부터 산업사회에서 지식 기반 사회, 정보화 사회로 바뀌고 있다. 산업사회에서 경제는 기업과 함께 양질의 노동력이 큰 비중을 차지한다. 21세기는 노동력보다 빅 데이터나 자동화로 노동의 중요성이 줄어드는 방향으로 경제가 나아간다. 기업 성장이 반드시 고용 증대를 가져오지 못한다. 산업사회를 유지한 금융시스템은 블록체인 기술로 가상화폐라는 새로운 금융이 오고 있다. 맞이할 준비를 해야 한다.

여러 사람의 주장은 자본주의가 가진 문제를 어떻게 하면 해결할 수 있는가에서 출발한다. 마르크스의 생각은 공산주의 국가의 자멸로 빛이 바랬다. 칼 폴라니의 비판은 21세기에 새롭게 주목받고 있다. 케인즈의 조언도 어떤 상황에서나 효과가 있는 것은 아니다. 아마티아 센의 시각도 경제 문제 일부를 해결할 수 있다. 경제 문제를 만족시킬 수 있는 정답은 아직도 찾아야 할 문제다.

복지는 예부터 있었다

10대 초반을 생각하면 농촌에서 농사철 품앗이와 두레를 흔하게 볼 수 있었다. 산업화가 진행되며 농촌 인구는 도시로 이주했다. 자식들은 도회지에 나가고 노부모만 시골에 남았다. 노인만 남은 시골의 상호 부조는 더 이상 지탱하기 어렵다.

도시에 사는 자식은 시골에서 사는 노부모를 걱정한다. 추운 겨울 홀로 집에 계시리라 생각하면 가슴이 미어온다. 겨울이면 시골 동네 노인들이 경로당에 모여 지낸다. 함께 점심을 지어 드시고 해질녘에 각자 집으로 돌아간다. 다행이다.

생명을 중요하게 다루고 노인을 걱정하는 일은 복지의 중요한 영역이다. 복지는 언제부터 제도화되었나? 교육은 유럽에서 복지가 제도화되었다고 가르쳤다. 독서로 새로운 사실을 찾을 수 있었다.

19세기 이전에 생명보험이란 도박과 비슷하다고 받아들였다. 유럽 각국과 미국에서 생명보험이 보편화된 시기는 19세기였다. 19세기 말에 독일 비스마르크는 세계 최초로 사회보험제도를 광범위하게 실시했다. 1880년 당시 독일은 산업화가 진행되어 최저생계비 수준으로 먹고사는 노동자가 100만 명 정도였다. 이들이 살기 어렵다고 소요라도 일으키면 치안 유지는 불가능하다는 판단에서 취한 조치였다. 비스마르크는 세상을 제대로 볼 혜안을 가졌다. 1차 세계대전에서 패한 후 독일은 1919년 바이마르 공화국을 세운다. 러시아 혁명이 일어난 상황에서 독일은 '소비에트처럼 사회주의는 하지 않겠다. 대신 복지국가를 지향하겠다' 라는 의지를 가졌다. 학창시절에 독일은 부러운 나라였다. 오늘날 사회보험은 복지 수단의 하나다.

여기까지가 공교육에서 다루는 사회복지의 역사다. 독서는 사회복지가 2700년 전에 중국에서 구체적으로 제도화되어 시행되었다고 알려준다. 이와 같은 사실은 최근 출간된 사회복지 개론서에서도 다루지 못한다.

관중은 기원전 7~8세기에 살았다. 중국의 주요 사상이 제자백가로 자리잡기 전이었다. 관중은 부국과 부민을 정치의 목적으로 삼은 제나라 정치가다. 관중의 생각을 후학들이 모아《관자》로 내놓았다.

"入國四旬, 五行九惠之敎. 一曰 老老; 二曰 慈幼; 三曰 恤孤; 四曰 養疾; 五曰 合獨; 六曰 問疾; 七曰 通窮; 八曰 振困; 九曰 接絶."

"관중이 제나라에 들어와 40일째 되는 날까지 아홉 가지 시혜 정책을 다섯 번 행했다. 첫째는 노인을 어른으로 모시는 일, 둘째는 어린이를 사랑하는 일, 셋째는 고아들을 구휼하는 일, 넷째는 장애가 있는 사람도 돌보는 일, 다섯째는 홀로 된 사람을 결혼시키는 일, 여섯째는 병든 사람을 위문하는 일, 일곱째는 곤궁한 사람을 살피는 일, 여덟째는 흉년 때 고용인들을 보살펴 도와주는 일, 아홉째는 유공자들에 대한 보훈이다."

《관자》

제나라는 노인을 모시는 공무원을 두었다. 70, 80, 90세 이상 되는 노인에게 각기 다른 기간을 정하여 고기를 주고 아들의 정역을 면제했다. 이미 2700년 전에 요즘의 자식도 못 하는 일을 나라가 해 준거다. 어린이 담당 공무원도 있었다. 아이 수에 따라 세금을 면제하거나 보모를 붙여주었다. 아이를 돌보는 보모까지 나라가 신경 쓰다니 믿을 수 없을 정도다. 고아를 보살피는 공무원도 있었다. 고아는 아는 사람이나 친구에게 부양을 부탁한다. 고아를 기르는 사람은 정역을 면제받았다. 파견 공무원은 고아가 있는 곳을 찾아가 잘 먹고 있는지, 병은 없는지 살펴봐야 했다. 흉년 때 고용인을 보살펴 돌보아 주는 일까지 했다. 전쟁에서 죽은 사람은 아는 사람이나 친구가 나라에서 자금을 받아 제사를 지내게 했다.

이와 같이 제나라에서 아홉 가지 복지 정책을 실천했다. 오늘날 국가가 추진하는 사회복지 정책과 다를 바가 없다. 오히려 현재 복지 수준보다 높은 면도 있다. 지난겨울에 청주에서 편의점 사장이 아르바이트 학생을 절도범으로 경찰에 신고했다. 무혐의 처리된 알바생은 최저임금을 요구한 것뿐이다. 사회가 발전하면 나아지기는커녕 거꾸로 가는 것도 있다.

살다 보면 빚지고 사는 사람이 적지 않다. 아파트를 분양받을 때 제 돈으로만 사는 사람은 드물다. 대부분 은행에서 빚을 내서 집을 산다. 책을 읽다 보니 빚에 대해 관대한 지역이 있다. 이슬람 세계의 복지는 독특하다. 경전과 하디스에서 다섯 가지 사회보장책을 제시한다.

첫째, 구차하여 빚을 갚을 수 없는 사람의 부채는 국가가 일부 혹은 전부를 부담한다.
둘째, 유산보다 더 많은 빚을 지고 사망한 자의 부채는 국가가 부담한다.
셋째, 국가는 유공자나 그 후예들의 생활보장을 책임진다.

넷째, 근로자들은 주택이나 결혼 비용 등에서 국가적 혜택을 받는다.
다섯째, 종교 기금은 무슬림들의 사회복지 사업에 쓴다.

《이슬람 문명》

　이슬람 경전은 빚에 관해 비교적 관대하다. 국가를 위해 공이 있는 사람을 책임지는 것은 오늘날 우리도 제대로 못 하는 일이다. 친일 후손과 독립투사 후손의 삶을 견주는 뉴스를 보면 답답하다.

　오늘날 기준으로 볼 때, '빚은 만든 사람이 갚아야지 왜 국가가 갚아주느냐? 성실하게 빚을 갚은 사람이 바보냐?' 라는 불평도 한다. 사실이다. 정치적 차원에서 감세 혜택을 주는 일을 종종 기획하고 시행한다. 감나무 밑에서 홍시 떨어지기를 기다리듯 정치적 감세를 기다려서는 안 된다.

　우리나라는 어떠했을까? 세계와 견주어본다. 우리나라가 사회복지에 결코 소홀했던 나라가 아니다. 역사에서 사회 복지를 살펴보면, 고구려의 '진대법'이 먼저 떠오른다. 고려시대에도 여러 제도를 통해 구호정책을 펼친다. 고려시대 복지는 불교의 자비심 차원에서 추진한 성격이 강하다. 조선시대에도 복지는 명칭은 달라도 계속 추진한다. 조선시대는 사회복지를 왕이 나라와 백성에 대해 책임져야만 하는 의무로 보았다. 조선은 유교 사상을 기반으로 한 통치 방법의 하나로 복지 정책을 추진했다. 백성을 구호하는 1차 책임은 지방관에게 있었다. 중앙은 구호 행정을 지도하고 감독하는 체계였다. 민간에서 계, 두레, 향약이 조직되었다. 향약은 환난 상휼을 명시하여 지켰다. 급한 난리나 질병, 고아나 약자를 부양하려 애썼다.

냉전 시대를 거치며 교육받고 살아온 베이비붐 세대에게 레드 콤플렉스가 남아 있다. 이에 비출 때 더욱 놀라운 사실이 존재한다. 1920년대 일본 제국주의의 지배를 받던 조선에서 사회주의자들이 조선공산당을 창당한다. 강령은 이들이 만들어가려는 사회 이상을 선언했다고 한다. 주5일제, 육아휴직, 최저임금제를 포함한 내용이다.

또한, 직업조합의 조직 및 동맹파업의 자유, 야간노동 금지, 아동노동 금지, 산모의 산전 2주 산후 4주간 노동금지, 대토지 소유자와 회사 및 은행이 점유한 토지를 몰수하여 국가의 토지와 함께 농민에게 교부할 일, 소작료를 3할 이내로 할 일, 농민조합을 법률로 승인할 일 등 40개 항에 이르는 강령을 내걸었다.

《국사편찬위원회 한국사 콘텐츠》

현재 상황은 어떠한가. 대한민국 헌법은 다음과 같은 조문을 통해 사회복지를 실현하려는 목표를 갖고 있다.

제34조

② 국가는 사회보장·사회복지의 증진에 노력할 의무를 진다.

③ 국가는 여자의 복지와 권익의 향상을 위하여 노력하여야 한다.

④ 국가는 노인과 청소년의 복지향상을 위한 정책을 실시할 의무를 진다.

⑤ 신체장애자 및 질병·노령 기타의 사유로 생활능력이 없는 국민은 법률이 정하는 바에 의하여 국가의 보호를 받는다.

헌법이 규정하고 있는 사항과 여성, 노인, 아르바이트를 해야 하는 청소년의 체감도는 다르다. 우리가 본래 가진 본성과 경제력을 고려하면 헌법 규정과 체감도 사이의 괴리를 줄여야 한다. 최근 복지에 대한 관심이 커지며 어떤 영역은 헌법 정신을 구현하려고 노력한다.

자주 찾아뵙지 못하는 자식은 경로당을 짓고 경비도 지원하는 정부와 지방자치단체가 고마운 거다. 앞으로 노인의 치매를 국가가 책임지고 보살핀다고 한다. 많은 자식이 고마워할 것이 당연하다. 복지 예산을 지나치게 편성해서 나라 경제를 말아먹게 생겼다고 주장하는 정치인들이 있다. 지나친 주장이지 올바른 주장은 아니다.

2700년 전부터 이웃 나라에서 현재 수준 못지않은 사회복지 시스템을 운영했다. 우리 역사를 살펴봐도 고구려부터 복지를 추진하고 고려, 조선까지 이어온 사실도 잊지 말아야 한다. 아프고 배고픈 백성을 보살피는 일은 하늘의 뜻이다. 이걸 가볍게 보아서는 안 된다.

이제는 옛 그림을 읽을 수 있다

음악, 미술에 모두 '치(恥)' 자를 붙이기도 낯 뜨거운 수준이다. 그래도 살아가는 데 크게 지장은 없다. 초등학교 미술 시간 그림 그리기는 가까이하기엔 너무 먼 그대였다. 미술 도구라고는 크레용과 미술 시간마다 낱장으로 사야 했던 도화지 하나뿐이다. 화첩을 사본 적도 없다. 그리기 재능은 더 없다. 흔한 교내 가작도 받아보지 못했다. 미술에 관련된 학창시절 추억을 떠올리면 뺨을 맞은 것 말고 기억나지 않는다. 미술 교사의 눈에 띌 그 무엇도 없었다.

직장생활 일부로 박물관, 음악회나 미술관 전시회에 가는 일에 흥미를 느끼지 못한다. 아는 게 없으니 재미도 없고 보이지도 않는다. 성공적인 직장생활은 한다고 했지만, 예능 분야는 실패자다. 더 늦기 전에 전시회 그림을 볼 수 있도록 무언가 알아야 한다고 막연하게 생각만 했다.

몇 년 전에 둘째와 셋째가 미술대학에 가고 싶다는 이야기를 듣고 아찔했다. 나를 닮았다면 미술대학에서 배겨나지 못하리라 판단했다. 미술대학에 다니는 자식들과 대화하려면 미술에 대해 무언가 공부하기를 미룰 수 없었다.

이런 이유로 미술에 관한 책을 몇 권 사 읽었다. 《다 그림이다》, 《유혹하는 그림, 우키요에》, 《하이쿠와 우키요에, 에도 시절》, 《화인 열전》, 《오주석의 한국의 미 특강》, 《오주석의 옛 그림 읽기의 즐거움》을 읽었다.

《다, 그림이다》를 읽으며 '이렇게 재미있다니' 감탄하며 읽는다. 그림을 말과 글로 풀어준다. 그림과 말과 글에 푹 빠질 수밖에 없다. 그림은 전시회나 가야 보는 것이라고 살아왔다. 책을 통해 그림을 보게 될 줄 몰랐다. 동양의 그림을 쉽게 풀어주고 서양미술을 맛깔나게 풀어준다.

동양미술(거죽보다 속을 높이 칩니다)과 서양미술(거울 속 세상을 열망합니다)이 무엇인가를 쉽게 이해하도록 남겨두었다. 어떻게 이렇게 어렵지 않게 그림을 이해하도록 배려한단 말인가. 이 정도가 되려면 그림, 미술에 대한 내공이 넘쳐야 할 텐데. 그런데 둘 다 화가인 듯, 화가 같은, 화가 아닌 기자 출신 작가와 언어학을 전공하고 따로 서양미술사를 공부한 분이다.

두 작가가 대화하며 주제에 맞는 그림을 하나씩 골라 소개한다. 마치 찻집에 앉아 편안하게 마주보며 이야기하는 듯하다. 품격 있되 삶에서 떠나지 않은 말투로. 두 분의 이야기를 재미있게 듣는 청자의 입장에서 책을 읽었다. 화장실에 갈라치면 대화가 저만치 진행되어 있을 거라는 생각에 책을 들고 가야 했다. 그림풀이에 함께 꺼내 놓은 시도 멋지게 어울린다.

이제는 옛 그림을 보러 미술관에 가리라. 미술관에 가서 제법 모양새가 나게 감상하는 시늉이라도 할 수 있다. 즐거움을 느낄 수도 있을 거라는 느낌이 온다.

조선시대 미술, 특히 그림을 보는 안목을 겨우 얻는다. 교과서나 어디서도 배울 수 없었던 상식을 가르쳐 준다. 작품을 올바르게 감상하려면,

첫째, 작품 크기의 대각선 또는 그 1.5배만큼 떨어져서 봐야 한다.

둘째, 오른쪽 위에서 왼쪽 아래로 쓰다듬듯이 바라봐야 한다.

셋째, 마음의 여유를 가지고 세부를 찬찬히 뜯어보아야 한다.

이외에도 그림, 특히 초상화를 가까이에서 감상할 때, 말하지 않고 보거나 입을 가리고 보라고 한다. 옛 그림은 옛사람의 눈으로 보고, 옛사람의 마음으로 느끼라 한다. 《오주석의 한국의 미 특강》을

읽어 배운 덕분이다.

《오주석의 옛 그림 읽기의 즐거움》에서 한 걸음 더 들어가 옛 그림을 볼 수 있도록 배운다. 서양화는 물감으로 동양화 묵으로 그린다는 것 말고 아는 것이 없었다. 독서로 만난 전문가의 가르침에 이렇게 다름도 배운다.

"사람의 눈으로 본 산수의 참모습은 사진기나 서양화가들의 고백처럼 서양의 풍경화로 담아내기 어렵다. 큰 이유는 서양화의 일점투시법—點透視法에 있다. 서양화의 과학적 원근법은 부동의 관찰자라는 단 하나의 시각만 가졌기 때문이다."

"애초 산이란 것이 하나의 숨 쉬는 생명체라면 그것은 자연과 인간의 상호 양보를 전제로 하는 고차원적 인본주의, 즉 회화적으로는 삼원법에 의해서만 충분히 표현된다."

《오주석의 옛 그림 읽기의 즐거움》

옛 그림 그리기는 삼원법을 사용한다. 높은 산을 아래서 위로 올려다봄, 비슷한 높이에서 뒷산을 깊게 비켜 봄, 높은 곳에서 아래쪽을 폭넓게 내려다봄. 이 세 가지 시각을 한 화면에 담는 것이다. 서양화가는 동양화를 이해하기 어렵고, 동양화가는 서양화를 전혀 다른 그림으로 느낄 수 있다는 걸 배운다.

김홍도의〈씨름〉은 누구나 봤을 그림이다. 그림 보는 법을 모르고 볼 때는 '이 작품이 김홍도가 그린 씨름이다' 가 말할 수 있는 전부다.《옛 그림 읽기의 즐거움》을 읽고 본 김홍도의 씨름은 전혀 다르다. 씨름 구경꾼의 자세와 상투, 옷과 갓을 보고 신분과 기분 상태까지 어림잡는다. 그림을 보고 눈빛, 주름, 손 모양으로 누가 씨름에서 이길까도 볼 수 있다. 여덟 페이지에 걸친 안내 글로 옛 그림을 보는 안목이 커간다.

김정희의〈세한도〉는 미술 교과서에 실린 그림이다. 구부러진 소나무 한그루와 반듯한 나무 두 그루, 초등학생이 그리다 그만둔 것 같은 집 한 채만 보였다.

〈세한도〉는 추운 시절을 그린 그림이다. 김정희가 노인이 다 되어가던 때 제주도에 유배를 가야 했다. 유배 가 있는 스승을 예전과 같이 모시는 제자에게 고마움을 표하느라 그림을 그려 보낸다.

그림의 발문이 '화발' 임을 배운 것은 지식의 영역이다. 중국과 조선을 오가며 세한도에 붙은 화발을 아는 것은 지식의 영역 밖이다. 화발은 중국 명사들의 글을 담고 있다. 스승과 제자의 존경과 사랑, 중국 문인들의 존경을 담은 화발은 인간 삶의 영역이다.

윤두서의 '자화상' 도 마찬가지다. 감상법을 모를 때는 '무섭게 생겼네' 가 전부였다. 윤두서의 자화상을 보면 터럭 한 올도 그려놓았다. 눈은 마주 보기 두려울 정도다. 안경 자국, 검버섯도 그려 넣었다. 옛사람들이 그림 감상을 그림을 '본다' 는 말보다 그림을 '읽는다' 고 말한 까닭을 이제는 알 듯하다.

일본 그림인 우키요에에 관한 책을 사보리라고 상상하지 못했다. 우키요에는 에도 시절 일본미술이다. 상공업이 발달하여 경제적으로 풍요롭고 정치적으로도 안정된 시기였다. 서민들이 원하는 바에 따라 맞춰 만든 판화다. 우키요에의 많은 작품들은 당시 사람들이 이상적으로 생각하는 미인상과 풍경을 그렸다. 우키요에에 등장한 미인들의 옷, 화장, 액세서리는 에도에서 유행했다고 한다.

에도시대에 막부는 지방의 다이묘를 통제하기 위해 격년에 한 해씩 에도에 머무르게 했다. 다이묘의 처자는 인질로 에도에 거주해야 했다. 다이묘의 가족들이 에도에서 지방으로 오가는 길은 여행이라 할 수 있었다. 형편이 되지 않아 여행을 떠나지 못하는 사람들은 우키요에 풍경화를 보고 만족해야 했다. 우리가 외국에 가지 않고 사진이나 동영상을 보고 느끼는 것과 같다.

우키요에는 일본 도자기를 유럽에 수출할 때 깨지지 않도록 포장재로도 썼다. 이삿짐을 싸며 그릇이 깨지지 않도록 신문지로 싸는 것과 같다. 우키요에를 본 프랑스인은 파리 예술가들에게 소개했다. 서양화에서 볼 수 없는 강렬한 원색과 분위기의 우키요에는 유럽 화가들에게 영향을 줬다. 빈센트 반 고흐는 일본 우키요에에 푹 빠졌다고 한다. 인상주의 화가로 분류하는 클로드 모네, 에드가 드가도 우키요에의 영향을 받아 그렸다고 한다.

책을 읽어 옛 그림을 감상하는 방법과 우키요에가 유행한 배경과 영향을 배운다. 배운 것은 미술 영역의 만분의 일도 되지 않는다. 그러나 독서를 했기에 가능한 변화다. 독서는 새로운 사실을 알려 준다.

전혀 알지 못하는 저자 오주석은 옛 그림 읽기의 훌륭한 멘토다. 예술을 제대로 이해하고 감상하려면 미학을 알아야 한다고 들었다. 한참 지나서《미학》을 읽었는데 책 읽기보다는 하나의 고된 일이었다. 미학에서 주체와 대상 사이에 이해관계가 없을 때에만 유쾌함, 자유로운 쾌감이 생겨난다고 한다. 이밖에는 미학이란 것에 대해 아는 바 없다.

8장

볼 수 없었던
세계를 본다

서구 중심 세계관을 버리다

사물이나 현상을 관찰할 때, 그 사람이 보고 생각하는 태도나 방향 또는 처지를 관점이라 한다. 세대가 다르면 관점이 다르다. 은퇴한 부모 세대가 유럽과 미국을 보고 생각하는 태도와 40, 50대의 태도는 일치하지 않는다.

같은 사회에 사는 사람과 관점이 다르면 불편하다. 불편을 감수하며 관점을 바꾸는 것은 쉬운 일이 아니다. 관점은 쉽고 빠르게 달라지지 않는다. 관점이 다르다는 사실을 자연스럽게 받아들이기가 쉽지 않지만 불편해도 받아들여야 한다.

독일, 영국, 프랑스를 포함한 유럽 국가를 대하는 태도도 미국을 보는 관점과 유사하다. 유럽은 18세기 중엽 산업혁명 이후 해외 식민지를 토대로 세계사에서 중심 역할을 했다고 배웠다. 미국과 유럽에 유학을 다녀온 지식인들이 한국사회에 유럽과 미국에 대한 시각을 전했다. 미국과 유럽 유학생이 해외 유학에서 차지하는 비중이 높았다.

1989년 해외여행 자유화 이후 가보고 싶은 지역이 유럽과 미국이라는 사람이 많다. 유학생과 해외여행을 통해 본 유럽은 미국과 큰 차이 없는 서구 세계다.

40, 50대는 부모 세대의 경험을 간접적으로 공유하고 있다. 국제 질서가 미국 중심의 자유 진영과 소련 중심의 공산 진영이 대립하던 냉전 시기에 교육을 받고 자랐다. 부모 세대와 함께 북한과 대치, 미군의 주둔이란 상황을 공유하고 있다. 부모 세대와 40, 50대가 유럽과 미국에 대한 관점을 일부 공유하는 것은 당연하다. 유럽 여러 나라와 미국은 선진국이다. 미국은 초강대국이며 우리와 뗄 수 없는 관계라 이를 반대하거나 해치는 것은 나라를 위험에 빠트린다고 생각하기도 한다.

인구, 면적, 경제력, 군사력은 국력을 구성한다. 군사력은 전쟁 상황이 아닐 때 국력에서 차지하는 비중이 상대적으로 작다. 면적은 변하지 않기에 일정 면적 이상일 때 강대국의 조건으로 삼는다. 인구는 강대국일 때 강점이지만 후진국일 때는 약점일 수 있다. 평화시에는 경제력이 국력이다. 강대국을 판단하는 첫째 기준이 경제력이다. 세계 경제의 중심을 어디로 볼 것인가?

유럽은 한때 세계의 중심이었다. 유럽이 세계를 이끌어 갈 수 있었던 요인에 대해 상반된 의견이 있다. 1800년 이후 약 200년 동안 유럽이 중심이었다. 유럽이 산업혁명을 주도하고 세계의 중심으로 자리 잡았다.

> 1870년 당시 세계 최강대국이었던 영국은 세계 공산품의 40퍼센트를 생산했다. 그리고 영국의 공산품 중 44퍼센트가 수출되었으며 고용의 20퍼센트가 수출과 직접 관련이 있었다.
>
> 《자크 아탈리, 세계는 누가 지배할 것인가》

1차 세계대전이 발발하기 전까지 영국은 미국과 함께 G2였다. 교류를 통한 지식의 수용과 융합, 프란시스 베이컨의 경험주의 철학이 유럽의 발전에 기여했다. 19세기와 20세기 서양 지식인의 주장이다. 40, 50대는 학교 교육을 통해 이렇게 배웠다.

미국은 유럽에 뿌리를 두고 있다. 19세기 말 영국과 독일, 프랑스, 미국은 시장과 식민지 확보 경쟁에 몰두했다. 독일과 프랑스의 경제적 추격으로 영국이 주춤한 사이 미국이 추월해나갔다. 유럽에서 영국, 독일, 프랑스가 힘을 겨룰 때 아메리카 대륙에서 미국의 경쟁 세력은 없었다. 냉전 시대에 세계 초강대국은 미국과 소련이었다. 소련은 내부에서 무너져 20세기 말에는 미국이 세계 최강대국임을 누구도 부인할 수 없었다. 한국의 부모 세대와 40, 50대가 교육받고 성장하던 시기에 미국은 슈퍼히어로였다.

부모 세대의 경험과 인식을 통한 간접 경험, 교육을 통해 유럽과 미국이 세상의 중심으로 알고 살았다. 더는 아니다. 해방 이후 70년이 넘는 시간이 흘렀다. 70년 전과 21세기의 국제 사회는 달라졌다. 70년 전 국제질서에서 영향력을 발휘하지 못하던 나라가 등장했다. 대한민국과 가까이에서 빠르게 성장하고 있다.

다음은 유럽과 미국이 세계의 중심이란 지위를 더 이상 유지할 수 없다는 관점을 세우는 과정에서 검토해야 하는 사항이다.

첫째, 유럽과 미국은 다르다. 서로 이해하지 못하는 부분이 있다.

유럽을 포함한 국제사회가 반대했어도 미국은 이라크를 침공했다. 유럽 기독교도들의 신앙은 약화하여 가는데 미국인들의 기독교 신앙은 광신적이다. 유럽인은 개인이 총기 소지를 허용하는 미국을 이해하기 어렵다. 유럽은 기후협약과 같은 국제 조약을 무시하거나 이행하지 않는 미국을 비난한다. 유럽에서 빈곤의 원인은 개인이 아니라 사회적 환경 탓이라 여기고 정책을 추진한다. 미국은 개인에게 빈곤의 원인을 돌린다. 미국으로 이민 간 어떤 선배는 병원 진료비가 너무 비싸다고 치과 진료를 위해 한국에 다녀간다.

둘째, 산업혁명으로 유럽이 상대적으로 흥하고 아시아가 쇠퇴했다는 시각은 유럽인의 관점일 뿐이다. 아시아가 쇠퇴한 원인은 경제가 넉넉하고 인구가 증가했기 때문이라는 가능성을 고려해야 한다. 인구가 많아 노동비용이 싸니 경쟁력을 확보할 수 있었다. 유럽은 신대륙으로 이주자가 많아 노동력이 부족했고, 이를 해결하기 위해 기계를 통한 대량생산을 시작한 것이다. 산업혁명은 아시아 경제를 따라가기 위해 시작된 것이라는 관점도 있다.

셋째, 베이컨의 경험주의 철학이 유럽 발전에 기여했다고 역사를 평가한다. 유럽의 발전 원인을 유럽에서 찾는 것은 19세기 유럽인의 관점이다. 산업혁명 이전에 중국과 인도는 유럽에 경제적, 문화적, 기술적으로 많은 혜택을 주었다. 프랑스 혁명이 공자와 맹자의 철학에 바탕을 두었고 서구의 자유시장론이 생기기까지 영향을 주었다는 관점도 있다.

넷째, 미국의 외교정책이 먼로주의에 기초한다고 배웠다. 유럽이 아메리카에 간섭하지 말라는 수준까지만 배웠다. 실제는 미국은 먼로주의를 내세워 유럽을 배제하고 중남미를 통제하는 제국주의 국가로 변했다.

다섯째, 미국이 초강대국화하는 과정에 인구, 자원, 기술과 같은 내부적 요인을 강조했다. 실제는 경제적인 중남미 지배와 냉전 이데올로기의 도움도 받았다. 미국은 전쟁을 통해 중앙아메리카와 카리브해 국가를 점령하거나 내정 간섭 작전도 벌였다.

여섯째, 미국은 초강대국이자 세계의 경찰 역할을 하고 있다. 페르시아만에서 원유 수송로의 안전을 지키는 역할이 대표적이다. 실제는 미국의 국익을 우선시한다. 세계 최대의 무기 수출국이다. 팔레스타인보다 이스라엘 입장을 지지하고, 지구 온난화 방지를 위한 국제적 노력에 비협조적이다.

일곱째, 미국은 초강대국이다. 20세기까지는 유효했다. 21세기 들어 중국의 경제적 성장은 미국의 영향력을 줄여가고 있다.

여덟째, 유럽과 미국이 앞으로는 세계의 중심이 아닐 거라는 생각은 서구인의 판단이다. 역사학자 에드워드 카, 유럽의 석학 자크 아탈리, 《리오리엔트》의 저자 안드레 군더 프랑크, 노엄 촘스키는 서구인이다.

미국을 절대적으로 지지하는 사람들이 다수 존재한다. 지극히 미국을 배제하는 사람도 있다. 주권과 국익을 생각한다면 다양한 관점에서 보아야 한다. 다른 관점을 가졌다고 좌파로 혹은 보수파로 편을 가르는 정치인도 있다.

중요하게 다룰 것은 더 이상 유럽이나 미국은 세계의 중심이 아니라는 사실이다. 우리 가까이에서 빠르게 성장하는 중국은 세계 중심에 변화를 주기에 충분하다. 워싱턴은 태평양 건너에 있고, 중국은 육지로 닿아 있다. 물리적 거리는 인지 거리와 심리적 거리에 영향을 미친다. 다양한 관점을 가지고 균형을 잡아야 한다는 생각이 독서로 파악한 관점이다. 좋다, 싫다거나 옳다, 그르다 문제가 아니다.

《강대국의 흥망》, 《공자와 세계 Ⅰ, Ⅱ, Ⅲ, Ⅳ, Ⅴ》, 《왜 유럽인가》, 《촘스키, 은밀한 그러나 잔혹한》, 《세계는 누가 지배할 것인가》, 《오리엔탈리즘》, 《리오리엔트》, 《장하준의 경제학 강의》, 《전쟁은 사기다》 등을 통해 관점이 바뀐다.

이념에 가려진 중국을 본다

중국에 싸구려 관광을 다녀온 사람들이 말한다.
"아이고, 화장실이 툭 터졌어. 어떻게 할지 모르겠더라고."
TV에서도 중국 화장실과 우리네 화장실을 보여준다. 화장실을 가지고 중국에 대해 느끼는 우월감은 허상이다.

역사에서 중국에 살던 사람들은 한민족을 여러 차례 괴롭혔다. 임진왜란에 원군을 보내 조선을 돕고, 임시정부를 돕기도 했다. 한때는 이념이 달라 적이 됐고 소원하기도 했지만, 우리 역사에 영향을 많이 준 건 누가 뭐래도 중국이다. 마인드맵으로 중국을 그리면 어떤 키워드가 들어있을까. 공자, 맹자, 진시황, 삼국지, 장제스, 마오쩌둥, 덩샤오핑, 샤오미, 베이징올림픽, 사드 등을 생각한다. 샤오미와 베이징올림픽, 사드를 제외하고 교과서에서 배운 덕분이다.

40, 50대의 기억에는 세계사 수업을 통해 배운 부정적인 면이 많다. '중국의 황제는 폭군이었다', '19세기부터 20세기 초까지 서양인은 중국을 잠자는 사자로 평가했다', '중국과 타이완은 남한과 북한이 싸운 것처럼 전쟁을 치렀기에 앙숙이다', '중국은 공산당 독재 국가다', '중국 문명은 서구 물질문명에 뒤처져 있다'가 대표적이다.

교육으로 만들어진 관점은 직접 접촉과 미디어, 독서를 통해 바뀔 수 있다. 독서를 통해 중국에 대한 여러 관점의 변화를 경험한다. 변화의 원인은 여러 가지다. 역사서를 통해 상반된 평가를 볼 수 있다. 오리엔탈리즘에 따라 중국을 평가하거나 냉전 시대에 만들어진 관점도 있다. 중국의 현재 모습을 파악하지 못해서 만들어진 관점도 있다. 다양한 관점으로 중국을 보아야 한다.

중국의 황제는 폭군이었다는 평가에 해당하지 않는 현명한 황제가 많았다. 나관중이 지은 장편소설 《삼국지연의》와 진수의 《정사 삼국지 위서》를 견준다. 나관중은 조조를 간웅으로 다룬다. 《위서》에 따르면 조조는 이렇게 기록되어 있다.

> 천하가 아직 안정되지 않았는데 또 고대의 규정에 따라 장례를 치를 수 없다. 매장이 끝나면 모두 상복을 벗으라. 병사를 통솔하며 수비지에 주둔하고 있는자가 부서를 떠나는 일은 허락지 않는다. 담당 관리는 각자 자신의 직무를 다하라. 시신을 쌀 때는 평상복을 사용하고, 금은보화를 묘에 넣지 말라.
>
> 《정사 삼국지 위서》

오히려 조조는 둔전제를 시행하여 굶주린 백성들을 보살폈다. 배반한 적일지라도 효를 행한 자라면 살려주었다. 진수는 이렇게 평가한다. "조조는 재능 있는 자에게 관직을 주고, 사람마다 가진 재능을 잘 살려 자기의 감정을 자제하고 냉정한 계획에 따랐다. 옛날의 악행을 염두에 두지 않았기에 마침내 국가의 큰일을 완전히 장악하고 대사업을 완성할 수 있었으니, 이는 오직 그의 명석한 책략이 가장 우수했던 덕분이다." 분서갱유와 관련된 사실도 생각해봐야 한다. 유가 사상가들을 생매장한 것은 지나친 것이지만 왜곡도 있다. 법가서를 제외하고 유가 사상서는 모두 불태웠다고 알려져 있다. 《축의 시대》는 "황제는 체제 안의 공식 철학자 70명이 중국 고전 사본들을 보관하는 것을 허락했다"라고 한다.

'잠자는 사자'는 전형적인 오리엔탈리즘 시각

서양인은 중국에 소유권이나 신용거래의 개념이 없어 자본주의가 발달하기 어렵다고 평가했다. 중국인은 무슨 소리를 그렇게 하냐며 아편 전쟁 이전에 자본주의의 싹이 트고 있었다고 본다. 사마천의 《사기》에서 중국 시장경제의 싹을 보았다고 평가하는 학자가 우리나라에도 있다. 중국이 유가 사상으로 통일성을 갖고 있다고 볼 수 없다. 유가에 속하기도 하고 도가에 속할 수도 있다. 법가도 버리지 않을 정도로 중국의 정신은 포괄적이다. 일본인이 연초에 신사에 가고 결혼은 서양식으로 하고 장례는 불교식으로 하는 것과 유사하다.

중국과 타이완은 전쟁을 치렀어도 서로 교류하고 배려한다

중국과 타이완은 남한과 북한이 싸운 것처럼 전쟁을 치렀기에 앙숙일 것으로 생각하지 말아야 한다. 중국 대륙을 두고 장제스와 마오쩌둥이 다투었지만 다른 모습도 볼 수 있다. 《중국인 이야기》가 풍성한 사실을 알려 주었다.

1949년 10월 1일 오후 3시, 중국공산당은 천안문 광장에서 중화인민공화국을 선포했다. 당시 국민당 공군 사령관 저우즈러우가 장제스에게 폭격하게 해달라고 요청한다. 출격 준비 중인 상태에서 장제스의 최종 판단은 작전 폐기였다. 장제스의 판단에 영향을 미친 것은 천안문과 자금성을 폭파해야 한다는 문제였다. 역사에 남을 잘못을 행할 수 없었다. 이러한 상황 판단은 마오쩌둥도 예견했다. 둘에게는 '역사에 오점을 남기지 말아야 한다', '문화유산은 파괴해선 안 된다' 는 의식이 있었기에 가능한 일이었다.

장제스와 마오는 '하나의 중국' 이라는 생각에도 같았다. 베트남과 영유권 분쟁 중인 시사 군도는 중국 땅이어야 한다는 생각으로 행동했다. 마오쩌둥은 분쟁중인 시사 군도로 가는 증원부대에 급하게 명령을 내렸다. 빨리 가려면 타이완을 돌아 태평양으로 가지 않고 타이완 해협을 통해 가야 했다. 당시 타이완 해협은 국민당 해군과 미국 7함대가 장악하고 있었다. 중국해군 함정이 타이완 해협을 통과하려 한다고 장제스에게 보고했다. 장제스는 중국 군함이 타이완 해협을 통과하도록 결정했다. 국민당 군대는 군함을 폭격하지 않았다. 오히려 탐조등을 켜 군함들이 빠르게 해협을 통과하도록 도왔다.

〈인민일보〉에 발표한 "친애하는 타이완 동포"로 시작되는 편지 일부를 보면 중국과 타이완 간의 관계를 남북한 관계에 견주어 생각하게 한다.

오늘, 1979년 새해를 맞이해 우리는 조국 대륙의 각 민족과 인민을 대표해 동포들에게 안부와 충심 어린 축하를 보낸다. 옛사람은 해마다 명절이 되면 멀리 떨어져 있는 친지들에 대한 그리움이 평소의 배는 된다고 노래했다.

새해의 즐거움을 누리다 보니 친 골육인 타이완의 부로(父老)와 형제자매들에 대한 생각이 더욱 간절하다. 타이완 동포들의 심정도 같으리라는 것을 우리는 알고 있다. 세월이 흐를수록 그리움은 더해질 것이다.

(중략)

타이완과 대륙에서 생활하는 중국인이라면 개개인 모두가 민족의 생존과 발전, 번영에 대한 책임이 있다. 그 누구도 회피할 수 없고, 회피해서도 안 된다. 이른 시간 안에 분열 국면을 끝내지 못한다면 무슨 낯을 들고 조상들을 대할 것이며, 무슨 말로 후손들에게 변명할 것인가, 민족에 천고의 죄인이 되기를 원하는 사람은 없다.

《중국인 이야기》

전쟁을 치른 것은 중국이나 우리나 마찬가지인데 우리는 왜 이렇게 하지 못하는지 안타깝다. 대한민국 대통령이 북한 주민을 대상으로 신년사를 발표하는 장면을 기대할 수 있을까?

중국이 타이완을 침공하면 미국은 타이완을 지원하기로 되어 있다. 1979년에 제정한 타이완 관계법 때문이다. 단, 타이완이 완전 독립을 선포하고 이를 중국이 전쟁 행위로 받아들일 경우엔 미국은 타이완을 지원하지 않는다. 미국이 중국 시장을 중요하게 생각한다는 증거다. 북한은 시장 규모가 고려할 정도가 못 되는 것이 다행인가? 중국은 타이완을 무력으로 취할 경우 득만큼 손실이 예상되어 쉽게 시도하지 않는다. 타이완도 완전 독립을 쉽게 선언할 수 없다. 서로 역사를 길게 보고 있다. 중국 본토는 가까이에 있고 워싱턴은 멀리 있다는 것을 중국도 타이완도 잘 안다.

중국은 공산당 독재국가가 아니다

덩샤오핑의 흑묘백묘론으로 개방경제 정책을 펴기 시작한 이후 중국 경제는 빠르게 성장하고 있다. 덩샤오핑 시대는 소극적 도광양회(韜光養晦, 광채를 은닉하고 어둠 속에서 힘을 기른다)의 시대였다.

아편전쟁과 태평천국의 난을 진압하러 들어왔던 외세의 식민지로 전락한 중국이 21세기 초입에 G2로 부상했다. 시진핑은 중국몽

(中國夢)을 실현하겠다고 선언했다. 샤오캉이라 부르는 중등생활은 2000~2021년에 달성하고, 따퉁(大同)이라는 태평성대는 2022~2049년에 이루겠다는 목표다. 시진핑은 주동작위(主動作爲)라는 적극적 외교정책으로 전환했다. 경제가 발전함에 따라 경제력과 군사력으로 미국과 대등한 관계임을 인정받으려 한다.

공산당은 일당 독재라고 배웠다. 중국은 공산당이 통치하니 독재국가라고 생각한다. 현재 중국의 정치 시스템을 '전정(專政)'이라 부른다. 우리에게 현재 중국의 정치는 생소하다. 차라리 집단지도체제에 가깝다. 당과 군과 국가의 위상을 우리 시각으로 보면 이해할 수 없다. 우리는 국가를 위해 군이 있고, 당은 권력을 잡으려는 사람들의 결합이다. 중국은 당이 군대를 운영한다. 중국에서 지도자가 된다는 것은 민주국가의 인기 투표식 선거로는 되지 않는다. 지방에서부터, 아래로부터 차곡차곡 경력과 성과를 쌓아야 상층부로 진입할 수 있다.

중국 문명은 뒤처져 있다는 것은 서양인의 시각

19세기 이래 서구 근대 문명은 경쟁주의, 물질주의, 개인주의를 중심으로 발전해왔다. 1차 세계대전을 겪으며 혼돈을 겪는다. 서구 문명의 한계가 보였기 때문이다. 슈펭글러가 《서구의 몰락》을 쓴 까닭이다. 서구 문명이 가진 한계를 해석한 중국인이 량수밍이다. 량수밍은 미래문화가 동서 문화의 융합으로 만들어질 거라는 관점은 각 문화의 근본적인 정신 차이를 모르는 것이라 비판한다. 어느 시대 어느 문화나 항상 일정한 태도를 보이며 한 방향으로 발전한다고 본다. 그러므로 각 문화의 장점만을 서로 취하자는 주장은 철없는 소리라고 한다. 서구 물질문명은 역할을 다했다. 현재 추세로 볼 때 문명은 중국적인 태도에 맞게 발전하리라 주장한다.

중국적인 태도란 어떤 문제, 상황과 조화를 이루어 변화한다는 태도다. 쉽게 말하면 서구 문명은 자연을 인간을 위해 정복해야할 대상으로 보는 태도를 가진다. 중국인은 자연과 인간의 조화를 중요하게 생각한다.

이외에도 중국의 서부 지역은 이슬람 문화지역임에 주목해야 한다. 최강대국 미국은 이슬람과 적대적인 관계다. 9·11 이전에도 이슬람을 어울리지 못할 존재로 봤다. 종교적으로 화합을 기대하기 어렵다. 중국은 이슬람을 다룰 줄 안다. 종교적 마찰도 없다. 중국이 미국보다 국제관계에서 약점이 적다고 볼 수 있다.

중국의 발전에 따라 한국이 살 길은 중국이란 용의 등에 타야 한다는 메시지가 있다. 중포미포, 중국을 포기하면 미래를 포기하는 것이란다. 한국 경제를 걱정하며 중국을 중시하는 방향으로 경제를 운용하자는 뜻이다.

저평가한 아랍 세계를 본다

미국 대통령 트럼프는 2017년 12월 6일 이스라엘의 수도는 예루살렘이라고 선언했다. UN 결의 181호(1947.11 예루살렘은 국제법상 어느 나라에도 속하지 않는다)를 무시한 미국 '우선주의' 사례다. 트럼프는 미국 내 유대인과 악수하고, 아랍에는 악수를 둔 거다. 트럼프 선언 이후 UN은 미국의 입장 철회 요구를 결의했다. 트럼프의 깡다구가 센지 팔레스타인의 깡다구가 센지 두고 볼 일이다. 유럽과 미국에 매일 깨져도 물러서지 않는 깡다구를 가진 사람들이다. 도대체 뭘 믿고 저럴까, 혹은 강대국의 손아귀에서 언제나 벗어날까.

무슬림이 정복지에서 '한 손에는 칼을, 한 손에는 코란'을 들고 이슬람교로 개종을 강요했다고 배웠다. 기독교 편에서 교육받은 사람들이 비판 없이 받아들여 가르친 내용이다. 알코올이란 단어는 아랍어에서 시작되어 현재까지 사용한다. 이런 왜곡과 사실은 서구 중심의 교육을 받은 40, 50대 이상에게 교과서적인 내용이다. "미국 정부의 프로파간다에 미국인의 이슬람에 대한 의식은 테러, 일부다처, 폭력, 무지한 집단으로 자리 잡고 있다"라고 노엄 촘스키는 평가한다. 미국식 교육과 미국에 편향된 현대 외교, 할리우드 영화가 한국인의 의식에 영향을 미쳐왔다. 우리의 의식이 미국인과 별반 다르지 않다.

어느 한 편에서 정치 선전으로 특정한 관점을 갖게 하려고 시도할 수 있다. 언제까지나 그럴 수는 없는 일이다. 역사를 통해 배운 몇 가지 사실을 새로운 관점으로 볼 수 있다. 특정 관점을 지키는 일은 다양한 관점을 가지고 세상을 보는 것에 견줄 때 평화와 친구하기 어렵다.

유럽인은 고대 그리스의 유산을 직접 계승했는가

8세기 중반에서 9세기 전반까지 바그다드가 아랍 세계의 중심이었다. 이곳에 이슬람 세계를 건설한 칼리프들이 아바스 왕조를 세웠다. 이 시기는 이슬람 세계의 황금기였다. 칼리프들은 과학과 학문을 장려했다. 여러 지역의 학자와 사상가들을 불러모아 후원했다. 고대 그리스와 페르시아, 인도의 학문을 연구했다. 이를 위해 고전번역 작업이 필수였다. 아바스 왕조의 칼리프들은 왕조 내 여러 곳에 도서관을 세웠다.

9세기에 바그다드에 세운 '지혜의 집'이 대표적인 이슬람 도서관이다. '지혜의 집'은 당시 이슬람 세계 학문의 총 집결지였다. 같은 시기 유럽은 암흑시대였다. 14~16세기가 되어서야 르네상스 운동이 일어나 눈을 뜬다.

아랍 세계가 학문을 유럽에 전해주었는가? 혹은 유럽에서 누군가가 아랍의 학문을 배워갔는가? 파리대학교에서 아랍 학문은 금지됐고, 아랍을 말하는 교수는 암살당했다. 로마 가톨릭이 지배하던 유럽에서 무슬림 세계의 학문을 가져온다는 것은 용기가 필요한 일이었다. 일본이 막부나 정부의 적극 지원 아래 서양 과학기술과 학문을 수용한 것과는 다르다.

아랍은 아랍어로 번역했던 유클리드와 프톨레마이오스의 저작들을 다시 라틴어로 번역하여 유럽에 소개했다. 반대 방향에서도 접촉을 시도했다. 시칠리아를 지배했던 노르만족 통치자는 아랍학자들을 시칠리아로 불러들였다. 학자들은 70여 권에 달하는 아랍어 문헌을 라틴어로 번역해주었다. 영국인 애덜라드는 아랍 내 안티오크라는 도시에 유학했다. 영국인 마이클 스콧은 아랍 사상가 아비센나와 아베로에스의 작품을 번역해 유럽에 소개했다.

이와 같은 역사적 사실을 통해 유럽인이 고대 그리스의 유산을 직접 계승했다는 주장은 근거가 없다. 백 보를 양보해도 주고받았다는 새로운 관점이 필요하다. 사회 교사로 르네상스가 이탈리아에서 시작된 원인을 가르쳤다. 비잔틴 제국이 망하자 이탈리아로 넘어온 학자들이 그리스 고전을 가져왔다고 가르쳤다. 얼마나 허구요 잘못된 짓이었는가를 반성한다.

그리스 고전 번역이 아랍과학과 철학을 발전시켰는가

9세기경 다마스쿠스에서는 책과 잉크, 갈대 펜, 고급종이 등을 사고팔았다. 이때 유럽은 양피지에 글을 쓰는 수준이었다. 8~9세기에 아랍인들은 과학과 철학을 다룬 모든 그리스 책을 구해 번역했다. 아랍은 인도 책에서 천구, 별, 사인함수 등 인도 지식을 받아들였다. 여러 지역에 대학이 세워지고 아랍어는 과학 언어가 되었다.

수학이나 광학 분야에서 획기적인 발전이 일어나면 아랍 학자들은 그리스 문헌에 견주었다. 그 과정에서 새로운 과학 용어들이 만들어졌다. 알칼리, 알코올, 사인과 코사인, 탄젠트와 코탄젠트, 시컨트와 코시컨트를 만들었다. 다음은 아랍어를 그 어원으로 하는 어휘들이다. 가제, 깁스, 라켓, 몬순, 시럽, 사프란, 샤벳, 소다, 소파, 슈가, 알고리즘, 어도비, 에버리지, 재킷, 제로, 체스, 체크, 카멜, 캐럿, 커피, 코튼.

서양에 전해오는 이야기처럼 그리스 고전 번역 탓에 아랍과학과 철학이 발전했다고 볼 수 없다. 그리스와 인도 등 각지의 학문을 연구하고 융합했으며 아랍 내부의 획기적 발전이 함께 만든 것이다.

비잔틴은 그리스 문화를 직접 계승했는가

아랍 세계는 8세기부터 10세기까지 알 만수르, 알 마흐디, 알 마민 치세였다. 아랍인들이 그리스어와 페르시아어, 아랍어(고대 오리엔트의 국제어), 시리아어 등으로 기록된 서적들을 아랍어로 번역했다. 이데올로기적인 이유로 고대 그리스의 저작들을 아랍어로 번역한 것이다. 행정관료, 학자와 과학자 등이 번역에 동원되었다. 10세기경이 되면 번역 운동이 끝났다. 이 시기에는 학문적으로 성취가 완성된 것이다.

아랍 세계는 아랍어로 고대 그리스의 과학과 철학을 계승 발전시켰다. 암흑시대였던 비잔틴 지역은 아랍의 수준 높은 발전에서 자극을 받았다. 아랍어로 번역된 서적을 가져다가 고대 그리스를 연구했다. 이를 비잔틴 인문주의라 할 수 있으며 이탈리아 르네상스를 풍성하게 하는 원인이다.

그리스 문화가 비잔틴 제국에 직접 전해진 것이 아니다. 그리스 문화가 아랍어로 번역되는 과정을 거쳐 아랍 세계에서 발전했고,

비잔틴 제국은 아랍어로 번역된 그리스 서적으로 학문을 이어간 것이다.

이스라엘과 팔레스타인 분쟁은 종교분쟁인가

이스라엘은 유대교 국가고 팔레스타인은 이슬람교 국가다. 종교적 뿌리는 같지만 적대적이다. 많은 사람이 이스라엘과 아랍 세계 사이에 특히 팔레스타인과는 평화를 기대하기가 어렵다며 안타까워한다. 유대인은 경제적 정치적으로 미국 사회의 엘리트 집단을 형성하고 있다.

21세기 초강대국인 미국 내 유대인들은 보이지 않게 이스라엘을 지원한다. 미국의 아랍지역 외교정책을 좌지우지하는 것이 분쟁을 확대하는 요인이다. 종교적 분쟁으로 단순화한다.

이스라엘과 팔레스타인을 포함한 아랍 세계는 여러 차례 전쟁을 치렀다. 매번 이스라엘이 승리했다. 다른 관점에서 이스라엘과 팔레스타인의 분쟁을 볼 수 있다.

최근 여론조사에 따르면 이스라엘인 중 3분의 2가량이 팔레스타인을 국가로 인정하고 있습니다. 팔레스타인 쪽에서는 주민

중 상당한 사람이 이제 이스라엘의 존재를 인정하고 있습니다.

《세계의 진실을 가리는 50가지 고정관념》

2016년 '2국가 해법'과 관련한 여론조사에서 이스라엘 유대인의 43퍼센트만이 두 국가가 평화롭게 공존할 수 있다고 답했고, 팔레스타인 주민의 3분의 2는 실현 불가능한 해결책이라고 답했다.

《동아일보 2017. 12. 6》

위 기사에서 '2국가 해법'은 이스라엘과 팔레스타인을 각각 국가로 인정하자는 논의를 말한다. 전쟁을 치렀지만, 극단적으로 적대적이지 않음을 알 수 있다. 트럼프의 이스라엘 수도 선언에 따라 여론조사 결과가 해결 방향을 꼬이게 할 수 있다.

유대인과 아랍인, 무슬림과 기독교인의 차이는 오직 종교 문제뿐인가? 각각의 공동체에는 평화를 원하는 사람들과 분쟁을 지원하는 사람들이 있다. 우리나라에도 지역 간 갈등이 있지 않은가. 북한을 대하는 태도도 온건과 강경으로 나뉜다. 종교적인 문제로 보기보다 정치적인 선택의 문제로 볼 수 있다. 중재가 효과를 볼 수 있는 정치적 여건을 만들면 해결 가능한 문제로 봐야 한다. 이런 관점이 이스라엘과 팔레스타인의 분쟁을 막을 수 있다.

이슬람 세계가 인도와 중국의 문화를 받아들였다. 유럽이 중세 암흑기를 보낼 때 아랍 세계는 고대 그리스 문화를 이해하고 있었다. 아랍 세계는 이를 발전시켜 중세 이후 유럽에 전하는 메신저 역할을 다했다. 많은 사람이 좋아하는 《연금술사》, 《장미의 이름》을 쓴 작가들은 《아라비안 나이트》에서 아이디어를 빌려왔다고 한다. 원유만 아랍 세계의 자산이 아니다. 세계사에 아랍 세계가 남긴 흔적은 두텁고 짙다.

아랍 속담에 '서로 알아야 친해진다' 는 말이 있다. 선전을 비판 없이 받아들이지 않고, 내 판단으로 이슬람을 이해할 필요가 있다. 정약전과 정약용이 선교 때문에 신자가 되지 않았다. 중국에서 번역된 《천주실의》를 읽고 연구하며 스스로 예수를 받아들였다. 독서를 하다 보면 의식의 오류를 발견하고 관점이 바뀐다.

일본은 다시 전쟁을 시작할 것이다

가깝고도 먼 나라, 임진왜란, 일제강점기 36년, 대일 무역적자를 벗어나지 못하는 한국, 일본에서 떠올릴 수 있는 단어는 많다. 40, 50대에게 일본은 포르노그래피의 나라다.

우리는 백제를 통해 문화를 전해주었다는 우월감과 36년간 식민

지배를 받은 무의식 속의 상처를 함께 갖고 있다. 일본은 고대 선진 문물을 한반도에서 받은 것을 부정할 수 없지만 인정하고 싶지 않다. 대신에 한반도를 식민지로 지배했다는 우월감을 느끼고 있다. '쪽발이'와 '조센진'은 두 나라의 무의식을 반영한 돌팔매다.

일본에 관한 책을 읽을 때 무슨 생각을 하는가?

철없던 시절에 지각 변동으로 일본이 태평양에 가라앉기를 바랐다. 화산이 폭발하거나 지진이 나면 인간의 존엄성보다는 고소하다는 생각도 했다. 축구 한일전이 열리면 무조건 이겨야 한다고 믿었다. 축구에서 이기면 축구에서 승리한 것이 아니라 일본에 승리한 것으로 여겼다. 무의식 속에 36년간 일제 통치를 보상받아야 한다는 생각이 자리 잡고 있다. 세계에서 유일하게 일본을 깔보는 나라라는 핀잔을 들어도 태도를 바꾸기가 쉽지 않다.

현실은 다르다. 일본은 세계 최고 수준의 기술력을 보유한 나라다. 우리보다 경제적으로 여유가 많다. 우리도 선진국이 되려고 애쓰지만, 일본은 이미 선진국이고 국제사회에서 영향력도 막강하다. 일본에 관한 책을 읽을 때 언제나 '취할 점이 무엇인가'를 생각한다.

일본의 팽창 욕구는 다시 전쟁을 일으킬 것이다.

'통일신라 시대 신라인이 중국과 교역하며 중국 해안에 신라방을 설치했다' 는 40, 50대가 배운 역사다. 요즘은 '백제가 중국의 일부를 지배했다' 는 역사를 배운다. 이외의 해외 교역이나 진출 등의 역사는 뚜렷한 내용이 없다.

고대 일본이 한반도로부터 문물을 수입해갔음은 알고 있다. 그 이후는 어떻게 되었을까? 일본은 늘 대외 팽창을 염두에 두고 실행했다.

17세기 초 일본은 전 세계 생산량의 1/3이나 되는 은을 생산했다. 은을 통한 일본 경제의 발전은 일본인에게 돈맛을 알게 했다. 일본 안에서 욕망을 채우지 못한 일본인이 조선과 중국에 출몰하는 왜구가 되었다.

16~17세기 일본은 동남아시아 여러 지역과 무역을 했다. 필리핀, 베트남, 시암, 캄보디아, 인도네시아 등지에 일본인 거주지와 정착촌을 두었다. 동남아시아에서 정착했던 일본인은 네덜란드 용병으로 활동하기도 했다. 네덜란드는 나가사키에 상관을 설치하여 일본과 활발한 무역을 했다. 이 시기에 네덜란드로부터 들어온 서양 학문이 일본의 난학이 된다. 16세기 이후 일본의 문호 개방은 네덜

란드나 포르투갈의 압력에 따라 문호를 연 것이 아니다.

15세기부터 17세기는 지리상의 발견시대였다. 포르투갈, 네덜란드 등이 아시아로 왔고 일본과 접촉했다. 일본은 유럽 세계와 문화 교류를 통해 유럽인의 세계관과 총포술을 배웠다.

중세부터 일본인이 인식하는 세계는 3개 지역이었다. 일본이 태양이 뜨는 첫 번째 지역이고, 한반도와 중국이 두 번째 범위, 인도를 3번째 범위에 그려두고 있었다. 경제발전과 군사기술 획득, 전국시대의 통일이라는 여건이 만들어지자 임진왜란을 시작했다. 일본인의 인식 속에서 두 번째 지역인 조선과 중국을 정복하겠다는 의도였다. 16세기 일본인의 세계관에 따른 침략 전쟁인 임진왜란은 조선에서 실패했다.

20세기 태평양 전쟁 전에 일본은 대동아 공영권이란 궤변을 만든다. 일본이 중심이 되어서 한반도, 중국, 인도를 대동아 공영권으로 만들겠다는 논리다. 대한제국, 중국, 인도차이나를 침략하면서 서구의 침략을 막아주겠다는 논리였다. 누가 봐도 희한한 논리를 만들어 믿는 일본은 전체가 집단적인 정신치료가 필요하다. 이 궤변은 16세기 일본인의 세계관과 근대화에 성공한 자만심이 투영된 것으로 판단할 수 있다.

2차 세계대전 초기에 영국, 프랑스, 독일은 유럽에서 벌어진 전쟁에 몰두했다. 아시아 식민지에 신경 쓸 여유가 없었다. 이 틈을 타 일본은 인도차이나 북부로 쳐들어간다. 당시 인도차이나반도의 베트남은 프랑스 식민지, 미얀마와 싱가포르는 영국의 식민지였다. 일본은 미국으로부터 필요한 원유 대부분을 공급받고 있었다. 영국, 프랑스와 동맹을 맺은 미국은 일본이 인도차이나에서 군대를 철수하지 않으면 석유 수출을 금지한다고 통보했다. 이에 일본이 진주만을 공습한 것이다. 태평양 전쟁에서 패한 일본을 독일처럼 나누지 않고 한반도를 분할 점령한 것이 전승국의 실수다. 일본은 억세게 재수가 좋은 거다.

16세기 임진년에 일본은 조선을 침략해 임진왜란을 일으켰다. 20세기 일본은 한반도를 식민지화하고 태평양 전쟁을 일으켰다. 일본인의 의식에는 일본이 세상의 중심이다. 주변국을 침략해서는 안 될 일이란 의식이 없다. 언젠가 여건이 달라지고 일본에 유리하면 또 한반도를 넘볼 것이다. 장담한다. 동남아시아에 가보면 일제 자동차가 넘쳐 난다. 일본인의 생각은 수백 년 동안 변하지 않고 있다고 생각한다. 군사력에서 경제력으로 방법만 바뀐 것이다.
현재 일본은 항공모함을 보유하고 있는데, 항공모함으로 이용할 생각이 없다고 한다. 오토바이를 사두고 타지 않으니 자전거라고

우기는 모양새다.

저수지 문화

《이충무공전서 이야기》에 따르면 조선이 《고금도서집성》을 연경에서 구할 때, 그곳 상인이 했다는 말이다. "이 책이 간행된 지 거의 50년은 되었는데 당신네 나라는 학문을 숭상한다면서 이제야 사려고 하오? 일본은 이미 3질이나 구해 갔소."

일본은 포르투갈과 네덜란드를 통해 서양 학문을 수입하고 중국의 서적을 사들여 일본의 문화를 형성해간다. 포르투갈로부터 들어온 빵이 일본에서 카스텔라로 자리 잡았다. 누구나 단팥빵, 돈가스는 일본 음식임을 인정한다. 이외에도 메이지 유신 전후에 1,200여 년간 금지하던 육식을 허락한다. 일본인의 체격이 서양인에 견주어 왜소한 것은 육식 금지 때문이라고 판단했다.

《번역과 일본의 근대》라는 책을 통해 메이지 유신의 성공이 번역 운동과 함께 진행되었음을 알 수 있다. 수많은 해외 서적을 일본어로 번역했다. 조선 정조 시대에 규장각을 중심으로 왕성했던 학문 활동을 떠올린다. 단일한 사건이나 현상이 세상을 변화시키기도 하지만 역시 세상의 변화는 전반적인 분위기의 변화와 함께 진행되는 것이다.

책, 음식, 번역을 통해 일본의 문화란 보태고 쌓고 흡수하는 문화라 판단한다. 일본의 문화는 '저수지 문화' 라는 일본인의 평가에 수긍할 수 있다. 이런 문화는 '좋은 것은 기꺼이 취한다' 는 사고방식이 만든 문화다.

못된 것을 배운 나라

일본이 서양으로부터 배운 논리 중 잘못 배운 하나가 조선을 근대화시켜 야만 상태로부터 문명으로 안내하겠다는 궤변이다. 침략을 정당화하는 망말이다.

쓰꾸바대학은 도쿄 동남부에 있는데 일본 우익인 자민당이 세운 대학이다. 쓰꾸바대학은 외국인에게 비교적 쉽게 박사학위를 준다고 한다. 쓰꾸바대학에 유학 온 외국학생을 친일세력으로 만들겠다는 의도다. 미국을 비롯한 서구 선진국에서 배운 것이다.

일본국제협력기구(JICA)는 현장 접근, 효과성, 효율성을 중심으로 활동을 전개하고 있다. JICA는 1954년에 만들어진 조직이다. 2017년 현재 현장에 파견된 3만 명 이상의 해외 자원봉사자가 활동한다. 아시아, 오세아니아, 라틴아메리카, 아프리카, 중동, 유럽에 파견되어 세계 여러 지역과 국가를 친일 세력으로 만들고 있다. JICA는 무료로 외국인을 초청하여 일본에 머무르게 하고 일본을 홍보하는 프로그램도 운영한다. 의심의 눈으로 볼 수밖에 없는 까닭은 이 프로그램에 참여했던 경험 때문이다.

입맛대로 해석하는 역사

역사는 광해군의 외교정책을 '실용주의 외교'로 평가했다. 이를 배운게 다행이고 광해군이 자랑스럽기도 했다.《조선 역사학의 저력》의 저자 오항녕은 전혀 다른 관점에서 바라본다. 역사 시간에 배운 광해군 외교정책 평가에 대해 이렇게 말한다.

> 일본 육군참모본부와 육군대학에서 강의하고 조선사편수회 간사를 지낸 '이나바 이와키치'의 경력이나 연구 경향을 볼 때, 그가 가진 만선 사관(滿鮮史觀)이 드러난 것으로 볼 수 있다. 이는 조선의 운명 또는 역사를 주체적으로 변화를 이끌었다고 보지 않고 명에서 청으로의 전환, 즉 중국사의 변동 안에서 규정지은 것이다. 이는 '대세를 따르라'는 것이다. 이 패배주의는 '강자를 따르라'는 식민주의자들의 요구다.
>
> 《조선 역사학의 저력》

이런 해석을 가르치며 일제 강점기에 '조선은 새로운 강자인 일본을 따르라' 고 교육했단 말이다. 40~50대가 배운 역사도 이 시기에 배운 학자들이 가르친 거다. 모르면 당하는 거다.

태평양 전쟁에서 승리한 미국을 중심으로 연합국 사령부는 일본의 개혁을 시도했다. 소련과 공산 진영의 확대는 미국을 긴장시켰다. 일본이 공산화되는 것을 막는 것이 전쟁의 책임을 묻는 것보다 우선되었다. 미국은 일본의 개혁 노선을 변경했다. 일본을 군사 기지로 만들기 위해 경제를 지원하기로 했다. 전쟁 전의 범죄를 묻지 않거나 눈감아 주며 공직으로 불러들였다. 전쟁범죄자에 대해 석방을 결정하며 일본의 마음을 얻으려 했다.

이러한 일련의 조치와 미흡한 개혁은 오늘날 일본인의 태도를 만드는 데 영향을 주었다. 일본은 전쟁을 일으킨 책임을 반성하기보다 일본이 원자폭탄 투하의 피해자임을 강조한다. 가해자의 역사는 철저히 숨기고 가르치지 않는다. 전쟁에 패한 독일과 일본의 태도가 너무나 다르다. 일본인의 태도에 미국의 정책도 영향을 준 것이다. 그러니 일본은 미국에 대해 '땡큐' 를 잊지 않고 쩔쩔매는 태도를 보인다고 평가할 수 있다.

우리는 국사에서 반쪽만 배웠다

신라 중심의 역사와 발해사가 빠진 고려사

단재 신채호는 베르그송의 철학과 이집트의 지리를 알고 있었고 독학으로 영어를 배운 학자다. 《조선상고사》를 지은 역사학자만으로는 제대로 평가하지 못한다. 신채호는 새 왕조가 전 왕조의 역사를 부정하고 파괴하여 현재란 과거의 결과란 사실을 망각했다고 판단했다. 과거를 살펴볼 자료가 태부족하다.

《역경의 행운》을 쓴 최재석 교수는 왕성한 연구를 했음에도 학계에서 인정받지 못해 안타까워했다. 인정하고 싶지 않으나 우리는 주류와 생각, 태도가 다르면 무시하는 폐단을 갖고 있다.

《삼국사기》로부터 알게 된 우리 역사는 승자의 역사다. 늦게 출발했어도 백제와 고구려를 꺾고 삼국을 통일한 신라가 역사의 중심이다. 고려가 건국되는 과정에서 백제와 고구려의 역사는 부정하거나 파괴되었다. 통일신라는 고려에 저항하지 않은 덕분에 지배세력이 경주에서 개성으로 옮겨갈 수 있었다. 새로운 왕조에서 백제나 고구려에 견줄 때 신라는 지배세력에 편입된 것이다.

유득공은 중국과 조선 말고도 오늘날 베트남, 라오스, 미얀마, 타이완, 일본, 영국과 네덜란드도 알고 있었다. 넓은 세계관을 갖고 일본 사료까지 인용했다. 고려가 발해사를 쓰지 않았음을 잘못이라 평가했다. 고려의 지배세력이 통일 신라의 지배세력이었다. 고려의 지배세력은 고구려조차 신라에 비중을 두지 않았다. 유득공이 고려가 발해 역사를 다루지 않았음을 탓하는 것은 기대치가 너무 높은 것이다.

최근 정부는 가야사 복원에 힘을 쓴다. 가야사를 복원하는 데 쓰는 힘만큼이라도 백제와 고구려사를 복원하려 해야 한다. 이처럼 역사에 딴죽을 걸어야 제대로 된 다양한 관점의 역사를 만들 수 있다.

역사에 드리운 친일의 흔적

오랫동안 한국 미술을 연구한 내공으로 오주석은 한국 문화가 허약한 원인을 셋으로 본다. '일제의 한국 문화 약탈과 한국 문화 지우기, 다른 하나는 밀가루 포대에 대한 값으로 미국에 헐값에 내놓은 우리 문화재, 미국을 비롯한 서구 문화의 영향'이다.

오주석의 문화적 자부심도 근거가 있었다. 일제가 정체성 이론으로 조선을 깔보았을 때, "원 세상에 시들시들한 채로 오백 년이나 지속하는 나라가 어디 있단 말입니까?"라며 우리 문화에 대한 자부심이 대단했단다.

25년 전 김성호의 《비류백제와 일본의 국가 기원》을 읽으면서 얼마나 심장이 뛰었던가. 《중국 진출 백제인의 해상활동 천오백 년》을 읽을 때도 그랬다. 국사 교과서에서 볼 수 없는 내용이었다. 학교를 마치고 식민사학의 뿌리를 보게 됐다.

일본은 패전 후에도 국내 식민사학계를 지속해서 관리해왔다. 임나일본부가 전라남도 전역과 충청남북도 및 경상남북도 일부를 차지하고 있었다고 주장한 스에마쓰 야스카즈가 패전 후에도 서울대 국사학과를 들락거리며 김원룡을 비롯한 국사학과 교수들을 지도해왔다는 사실은 김용섭의 회고록 《역사의 오솔길을 가면서》에 잘 나와 있다. 또한 일본 신도의 한 일파인 덴리교가 주축이 된 조선학회를 통해 이병도 등을 비롯한 국내 사학자들을 초청해 관리해왔다. 그렇게 한국 역사학계는 해방 후에도 여전히 총독부의 세상이었다.

《매국 역사학》

규원사회니 가림토 문자는 근거 없는 주장이라고 깎아내리는 것은 그럴 수 있다고 양보한다. 식민역사학이 내린 뿌리의 깊이와 넓

이를 보며 숨이 막힌다. SNS에 저자를 아마추어라고 깎아내리는 글을 본다. 아마추어라도 사료에 근거한 주장이라면 귀 기울여야 한다. 전문가라도 사료를 제시하지 못하면 인정받지 못하고 역사학의 발전이 가능하다.

이러한 사정에서 역사학을 전공하지 않은 학자가 밝혀낸 사실은 새로운 관점을 만든다.

러 · 일전쟁에서 일본이 이기자 일제가 일진회 등을 통해 을사늑약을 강요하는 분위기를 조성했다. 고종은 '국전계획'에 따라 거의 밀지를 내렸다. 지방 의병의 봉기로 시작되었고 해산된 군대와 함께 치른 전쟁을 황태연은 '국민 전쟁'으로 정의한다. 외국 신문들은 이를 '한국전쟁'으로 보도했다. 역사 교과서에서는 고종이 밀지를 내렸다거나 외국이 이를 전쟁으로 보고 있다는 사실을 기술하지 않는다. '구한말 의병투쟁'으로 축소하여 다루던 의병투쟁을 국민 전쟁으로 봐야 한다.

'대한민국 임시정부'가 국외 망명정부를 세워 반제국주의 투쟁을 벌인 사실은 세계적으로 없는 일이다. 더구나 임시정부가 '광복군'이라는 군대를 가졌다. 국민 전쟁과 대한민국 임시정부의 위상을 다른 관점에서 볼 수 있는 근거다.

《고종 시대의 재조명》은 고종에 대한 부정적 평가와 은둔 국가라

는 인식은 서양 역사가의 편견과 일제 침략주의 책략이 만든 결과
라고 한다.

사회주의 독립운동도 우리 역사여야

드물게라도 일제하 독립운동가들의 자취를 책을 통해 접한다.
《백범일지》를 맨 먼저 만나는 게 보통일 테다. 아직도 일제하 사회
주의 독립운동가들의 삶을 대하기 쉽지 않다. 앞으로 역사에서는
레드 콤플렉스를 내려놔야 한다. 이념을 떠나 진정한 독립 운동가
를 발굴해야 한다.

《코레예바의 눈물》은 일제 강점기 나라를 되찾으려 애쓰던 독립
운동가들의 삶을 엿볼 수 있는 장편소설이다. 코레예바는 박헌영
이 소련에서 공부할 때 지어준 러시아식 이름으로 '조선 여자'라는
뜻이다. 본명 '주세죽'으로 검색하면 1924~1926년 동아일보에 박
헌영의 아내로 등장한다. 2007년 대한민국 정부로부터 건국훈장을
받은 조선 여성혁명가다.

의열단 단장이었던 김원봉과 같은 이들이 역사에 기록되기를 바
란다. 사상의 제한을 받지 않고 조국을 위해 목숨 바친 이들이 추모
되는 날을 기대한다. 그것이 어떤 이데올로기든 당시를 살던 사람
들의 판단이고 선택이었다. 일제 핍박에서 벗어나려는 조국을 위

한 일이었다.

요즘 학생 중 일부는 임진왜란과 6.25가 발생한 시기도 헷갈려한다. 역사에 대한 무관심이 지나치다. 알기를 기대하는 것은 지나친 기대일 것이다. 사상이 생존을 좌우하던 그림자가 있고, 친일의 흔적이 짙게 밴 역사를 배우고 있으니 하는 말이다. 만주에서 독립운동을 벌인 대종교의 활약을 연구한 책도 볼 수 없어 안타깝다.

외세 의존은 언제나 끝낼 수 있는가

김유신과 김춘추가 당나라 군대를 끌어들인 것부터가 시작이었다. 우리 역사에서 여러 지도자가 외세를 끌어들인 결과가 이렇게 가슴 치게 한다.《전환시대의 논리》를 보면, 도쿄대 교수가 이런 말을 한다.

"내가 보는 바로는 한국에 대한 일본의 군사적 역할이 본격화된다면 그것은 일본 쪽에서 그러고 싶어서라기보다는 오히려 한국 쪽에서 일본군대를 불러들이려 하기 때문이 아닐까 생각합니다."

도쿄대 교수는 한국 역사를 연구한 결과로 말한 것이리라. 우리를 얼마나 우습게 보고 있는지.

베트남에서 흘린 피는 당시에는 돈이 됐다. 앞으로는 놀랄 정도의 이자를 쳐서 갚아야 할 역사의 부채라는 생각이 떠오른다.

해방 후의 우리 역사와 프랑스의 레지스탕스

2차 세계대전이 끝나고 프랑스는 다시 일어섰다. 국가의 통치기구들은 대부분 그대로였다. 레지스탕스 진영에서는 이런 태도를 이해할 수 없었다. 1943년 당시에 자신을 괴롭혔던 바로 그 경찰들이 5년 뒤 다시 그들에게 명령하는 일이 종종 일어났다. 그들은 허를 찔렸고 '국가의 연속성' 앞에 무력해진 자신들을 발견했다.

《암흑의 대륙》

이 부분을 읽으며 해방 후 우리 역사와 견주었다. 어떻게 이렇게 비슷한지. 그들의 후손이 대한민국을 이끌어가는 현실과 어떤 우리 동네 의원도 그중 하나라는 사실, 국립묘지에 친일파를 묻고, 국가를 이끌어가고······. 진지한 노력과 성찰이 없어서 생긴 상황이다.

우리가 지향할 방향은

독서를 통해 우리 문화, 역사, 민족의 미래, 리더십을 생각한다. 김정희의 〈세한도〉가 지닌 가치를 잘 몰랐다. 제자의 의리와 스승의 고마움, 손재형 님이 일본에서 세한도를 되찾아온 과정, 감상평이 11미터라는 사실에〈세한도〉의 귀중함을 알게 된다. 돈, 애정, 안목이 우리 문화재를 지킬 수 있다.

일제하 친일을 극복하고 역사를 바라보며 독립운동에 좌우를 함께 보는 관점이 필요하다. 독일과 프랑스가 그렇게 싸우고도 서로를 두려워하지만 협력하고 있다. 남북은 한민족이면서 왜 프랑스와 독일처럼 하지 못하는가. 베트남과 미국이 화해하고 교류하고 있다. 독일은 유럽연합에서 리더십을 발휘한다. 동서 분단이란 상처를 성숙하게 해결했기 때문이다. 앙겔라 메르켈 총리가 구동독 출신이란다. 우리는 레드 콤플렉스가 아직도 치명적이다. 레드에 대한 진실을 밝히는 것조차 좌로 몰아붙이니 성숙할 수가 없다. 얼마나 더 시간이 필요한 것일까.

더불어 세종대왕의 리더십도 잊지 말아야 한다. 실록의 한 부분에 나온 대목이다. "이렇게 신중하게 처리했지만, 혹시 원망하는 자 없겠는가. 다시 한 번 생각해보자"라고 신하에게 말한다.

세종 8년 "노비도 사람이다. 노비가 출산하면 일을 시키지 말고 100일의 휴가를 줘라", 그리고 4년 후 "내가 능행을 하는데 밭에서 만삭이 된 여종을 봤다. 산모에게 산전 휴가 한 달을 주도록 하라",

또 4년 후에 "부부란 같이 살고 도와줘야 하지 않느냐? 남편에게도 산후 휴가를 한 달 주도록 하라." 이렇게 임금이 지시한 기록이 남아 있다.

환경오염은 베이컨 탓이다

자료를 보면 강남 개발이 시작되기 전 1970년대 말까지 한강 백사장은 여름철 피서지였다. 파라솔이 보이고 비키니 입은 여성과 튜브를 갖고 물놀이하는 어린이 모습은 2017년 여름 어느 해수욕장과 같다. 한강에서 물놀이 하던 때 시골은 모두가 청정지역이었다. 마을마다 개울은 수량이 많고 적은 차이밖에 없었다. 모든 물이 있는 곳은 여름철 놀이터였다. 여름은 옷을 벗어 던진 시골 남자아이들에게 천국이었다. 바위틈에서 흐르는 물을 마실 수 있었다.

하늘은 언제나 높고 푸르렀다. 비나 눈이 오지 않을 때 하늘이 높푸른 것은 당연히 그래야 하는 자연현상이었다. 요즘은 지리산, 한라산 물을 사먹고 돈이 좀 있다면 에비앙 생수까지 사먹는다. 한 해동안 며칠 되지 않는 푸른 하늘은 뉴스거리고 그날 페이스북을 도배한다. 미세먼지는 운동 싫어하는 사람에게 좋은 구실이다. 매주 아파트 분리수거장은 플라스틱과 비닐, 빈 상자가 산더미처럼 쌓인다. 공장폐수와 페놀 같은 맹독성 화학약품이 관리되지 않아 사상자가 발생한다. 지구가 더워진다는 근거로 난류성 어족이 잡히는 한계선이 북쪽으로 올라온다. 1980년대 초만 하더라도 여름에 32℃면 뉴스가 됐는데 이제는 보통 더우면 35℃다.

대한민국 경제 발전은 먹고사는 문제를 해결해주었다. 대신 환경오염의 피해는 커져만 갔다. 경제 발전을 위한 개발 초기 환경오염은 발전이란 가치를 위해 희생했다. 먹고사는 문제가 중요했기에 오염 정도는 무시해도 되는 줄로 알았다. 환경오염과 파괴를 임계점까지 기다릴 수 없다. 당장 모든 땅에서 모두가 환경오염과 파괴를 없애거나 줄이려고 노력해야 한다. 개인의 생각과 행동으로 해결할 수 없다.

'환경문제는 철학의 문제다'라고 전제한다. 생각이 행동하게 하고 행동이 습관을 만들고 습관은 한 사람의 인생을 만든다고 한다. 어떤 생각을 하고 있는가는 성공적인 삶의 첫 단추다. 건전한 생각, 긍정적인 생각이 한 사람의 인생을 이끌어가는 거다. 환경문제도 이와 다르지 않다. 자연환경 파괴의 첫 단추가 언제 잘못 끼워졌는가, 어떻게 여기까지 이르렀는가.

《자연은 정복의 대상이 아니다》는 책을 읽어가며 만든 관점이다. 자연을 정복 대상으로 보는 관점은 어떻게 형성되었는가? 자연을 정복 대상으로 보는 관점은 〈창세기〉와 소크라테스, 프랜시스 베이컨으로 이어져 서구 기독교도들이 가진 일반적인 관점이다. 수억 명의 신자가 읽는 창세기는 다음의 문장을 통해 자연을 정복의 대상으로 보라고 한다.

저녁이 되고 아침이 되니 이는 다섯째 날이니라.

하나님이 이르시되 우리의 형상을 따라 우리의 모양대로 우리가 사람을 만들고 그들로 바다의 물고기와 하늘의 새와 가축과 온 땅과 땅에 기는 모든 것을 다스리게 하자 하시고 하나님이 자기 형상 곧 하나님의 형상대로 사람을 창조하시되 남자와 여자를 창조하시고 하나님이 그들에게 복을 주시며 하나님이 그들에게 이르시되 생육하고 번성하여 땅에 충만하라, 땅을 정복하라, 바다의 물고기와 하늘의 새와 땅에 움직이는 모든 생물을 다스리라 하시니라. 하나님이 이르시되 내가 온 지면의 씨 맺는 모든 채소와 씨 가진 열매 맺는 모든 나무를 너희에게 주노니 너희의 먹을거리가 되리라. 또 땅의 모든 짐승과 하늘의 모든 새와 생명이 있어 땅에 기는 모든 것에게는 내가 모든 푸른 풀을 먹을거리로 주노라 하시니 그대로 되니라.

〈창세기〉 1장 만물의 창조

《소크라테스 회상》은 크세노폰이 소크라테스 언행을 쓴 글이기에 '소크라테스에 대한 회상' 이다. 학자들은 《소크라테스 회상》이 어떤 책보다 소크라테스에 관한 사실(史實)을 가장 충실하게 전한다고 평가한다.

소크라테스의 사상 몇 가지를 열거한다. 통치자의 자질에 관하여 자제력이 가장 중요하다고 보았다. 지혜를 모든 덕의 근본으로 보았고, 실천에 옮길 수 없는 지혜는 지혜가 아니라고 주장한다. 국법(성문법과 불문법)에 따르는 것이 정의며, 행복이라고 한다. 자연은 인간의 이익을 위해 만들어졌으니 신에 감사해야 한다고 한다. 여러 소크라테스의 사상 중 '자연은 인간의 이익을 위해 만들어졌다' 는 사상은 후세에 영향을 미쳤다. 고대 서구 사회와 중세 암흑시대에 자연을 정복 대상으로 본 관점이 있지만 당시에 영향은 미미했다.

자연을 정복 대상으로 보는 정복 지향적 자연관은 17세기 프랜시스 베이컨에 의해 확대됐다. 베이컨은 《신 기관》에서 "인간의 지식과 인간의 힘은 서로 다른 것이 아니다. 왜냐하면 원인을 모른 채로 어떤 결과도 해석할 수 없기 때문이다. 자연을 지배하고자 한다면 그것을 먼저 이해해야 한다. 자연계가 작동하는 데에는 항상 뭔가 원인이 있다. 그것이 법칙이다" 라고 언명했다.

베이컨은 자연을 지배할 수 있는 권리는 인간에게만 있고 이성과 종교를 수단으로 이행해야 한다고 믿었다. 당시 영국은 영국국교회를 믿어 교회를 국가가 관장하듯 과학도 국가가 관장해야 한다 생각했다. 찰스 다윈이 수년간 연구할 수 있었던 데에는 베이컨의 말에 호응한 투자가들의 재정 지원이 있었다.

21세기 어느 나라든 국가가 세운 과학원이 과학 관련 기관을 이끌어간다. 사제가 교회를 이끌 듯 과학자들이 교육, 국방, 산업 등 다양한 분야에서 활동한다. 과학 발전을 위해 재정이 필요했던 베이컨은 'Knowledge is power' 라며 돈을 끌어들인다. 베이컨이 말한 '아는 것임 힘이다' 는 모르는 사람이 없을 것이다. 학창시절 공부시키려는 선생님들이 하던 말은 베이컨이 만들어낸 거다. 'Knowledge is power. Francis Bacon' 을 'Knowledge is power, France is bacon' 으로 오해하지 말아야 한다. 베이컨은 소시지 이름이 아니다.

17세기는 과학혁명의 시대였다. 과학혁명을 바탕으로 18세기 중엽 산업혁명과 자본주의가 확대되었다. 서구 사회에서 자연은 인간의 이익을 위해 존재하며, 인간이 자연을 정복할 수 있는 권리를 가졌다는 관점은 확고하다.

이 같은 정복 지향 자연관은 산업화, 자본주의와 함께 자연을 파괴하고 환경을 오염시킨 첫 단추로 판단한다. 〈창세기〉, 소크라테스, 프랜시스 베이컨의 자연관은 환경파괴와 오염의 바탕에

깔려 있다.

서구와는 달리 동양 사회는 자연을 보는 관점이 다르다.

중국은 자연을 정복의 대상이라 보지 않고 인간과 자연의 조화를 추구했다. 이를 문화적으로 해석한 20세기 중국인 량수밍은 '문화의 방향'이라는 관념을 제기했다. 량수밍은 난관을 극복하고 나가려는 '분투', '조화론적 적응', '회피적 태도'가 문화의 방향을 결정한다고 봤다. 량수밍은 세 가지 태도가 누적되어 나타난 생활양식인 문화의 우열을 판정하지 않는다. 서구는 외부세계의 곤경과 도전 문제를 해결하기 위해 '분투'하는 진취적인 자세를 가졌다. 외부세계에 대한 과학적 연구로 서구의 근대화가 가능했다고 판단했다.

중국은 자연이나 제기된 상황에 '조화론적으로 적응'하려는 태도를 보이고 있다.

인도는 자연과 상황에 '회피적 태도'를 갖고 있다고 보았다. 문화가 조화론적 적응과 회피적 생활 태도를 가진 지역에서는 자연을 파괴하지 않았다. '분투'하는 문화를 가진 서구 근대화의 성공이 자연환경 파괴와 오염의 요인이라는 관점이다.

'자연은 정복의 대상이 아니다'라는 관점에서 자연을 지켜야 한다는 주장도 계속 제기됐다. 자연을 정복의 대상으로 보고 서구 물질문명을 발전시킨 사람들의 영향력이 컸을 뿐이다.

17세기 스피노자는 《에티카》에서 "신이 인간을 위해 자연을 만든 것이라는 특권의식(목적론)이 인간 중심주의를 낳았다", "자연을 인간의 편리를 위한 도구로 전락시킨다"고 염려했다.

1962년 레이첼 카슨은 《침묵의 봄》을 통해 환경오염에 경종을 울렸다. 산업화가 진전되고, 화학공업이 발달하면서 화학약품들을 살충제로 사용한다. 살충제가 지표수, 지하수, 강, 토양을 오염시키고 인간에게 주는 막대한 피해를 주었다. 인간이 정복자로서 살아가면 한계가 있으니 자연 일부로 살아가자 주장했다.

'월든' 호수가에서 살았던 소로우는 자연을 가까이서 관찰하고 자연 생태계의 소중한 가치를 일깨웠다.

앨 고어는 "인간이 지구 온난화의 주범이다", "지구 온난화가 이상 기후의 원인이다", "기후 변동이 지구 생태계에 나쁜 결과를 낳는다"는 사실이 기후 위기라고 역설했다.

슈마허는 《작은 것이 아름답다》에서 "근대인(서양인, 기독교도)은 자신을 자연 일부로 받아들이지 않고, 그것을 지배하고 정복할 운명을 타고난 외부 세력이라고 여긴다. 이는 수정할 자세다. 인간은 자연의 자식이지 지배자가 아니다", "인간이 생태계를 파괴하는 것은 자연을 효용의 차원에서만 보기 때문이다", "농업(생명)에 산업(무생명체)의 원리를 적용하니 문명에 위협이 된다. 균형이 필요하다"라고 강조했다.

유발 하라리는 《사피엔스》에서 "우리 조상이 자연과 더불어 조화롭게 살았다는 급진적 환경보호운동가의 말은 믿지 마라. 산업혁명 이전부터 호모 사피엔스는 모든 생물을 아울러 가장 많은 동물과 식물을 멸종으로 몰아넣은 기록을 보유하고 있었다"라는 견해를 갖고 있다. 하라리가 자연을 정복의 대상으로 보지 말자는 주장에 반기를 든 것은 아니다.

자연과의 조화를 추구하는 삶을 살던 중국이 방식을 바꿨다. 중국의 산업화와 자연환경 파괴 탓에 우리도 피해를 보고 있다. 중국 내부에서 환경오염의 심각성을 인식하고 방치하지 않겠다는 의지가 보인다.

인도가 산업화에 눈을 떠 자원을 사용하고 환경을 파괴하면 지구가 망할 수 있다는 염려도 있다. 현존 기술로 전 세계를 미국의 생활수준으로 끌어올리려면 지구 같은 행성이 두 개 더 필요하다고 한다. 선진국과 후진국 간에 개발에 따른 환경파괴의 책임을 두고 논란도 있다. 인간의 이익을 위해 자연을 정복의 대상으로 보는 자세는 더 이상 필요하지 않다.

'자연은 정복의 대상이 아니다'라는 관점은 개인의 관점이다. 독서를 통해 언제부터 자연을 정복의 대상으로 생각했는가를 배웠다.

〈창세기〉에 기록한 "땅을 정복하라, 바다의 물고기와 하늘의 새와 땅에 움직이는 모든 생물을 다스리라", 소크라테스가 말한 "자연은 인간의 이익을 위해 만들어졌다", 프랜시스 베이컨의 '자연의 지배'라는 흐름을 찾았다.

과학의 발달이 가져온 물질적 풍요는 고마운 일이다. 자연환경 파괴와 오염은 회복에 긴 시간과 많은 자본을 투자해야 하는 일이다. '잘 먹고 잘 살려면 환경오염 정도는 감수해야지'라는 생각은 하지 말아야 한다. 자연을 정복의 대상으로 보는 관점이 인간의 이익을 위해 자연 환경 파괴를 가볍게 본다고 판단했다. 인간은 자연의 일부여야 한다. 더 많이, 전문 서적을 읽어야 관점이 달라질 수도 있다. 현재까지 독서로 파악한 관점에서 판단한 것이다. 자연을 정복하기보다 자신을 정복하는 인간이 많아져야 한다.

9장

다양한 관점을 가지다

기본을 버린 학교 교육과 가정 교육

학교 교육만큼 가정 교육이 중요하다

요즘은 부모가 하는 교육, 가정 교육이 존재하는지 궁금하다. 부모는 방학이 되면 걱정하고 개학이 가까워지면 좋아한다. 학교가 교육을 책임져야 하는 것으로 여긴다. 학교에 민원을 제기하는 학부모의 말과 태도를 보면 단박에 알 수 있다. 가정에서 자녀 교육이 부실할수록 학교에 대한 요구사항이 많다. 가정에서 교육을 방치하면 학교 교육에서도 성공적인 교육이 어렵다. 성공적인 교육이 무엇이든 간에 어렵다.

교육은 가정과 학교에서 함께 이루어져야 한다. 학교가 없던 과거에 가정 교육 비중이 컸던 추억 때문이 아니다. 2000년 전 아리스토텔레스부터 현대 심리학자들까지 마찬가지 의견이다. 교육에서 균형을 취하는 것이 중요하다. 칭찬은 고래도 춤추게 한다며 부모나 교사나 온통 칭찬만 한다. 요즘 학교에는 인센티브를 달라고 요구하며 행동하는 학생들이 많다. 지나친 칭찬은 아이들을 망칠 수 있다. 부모가 아이를 위해 최선을 다하는 것이 오히려 아이에게 위기감과 부담감을 줄 수 있다.

부모와 교사가 해야 할 일은 의미 있는 모험을 하며 실수나 실패, 성공을 맛볼 기회도 주는 것이다. 공부할 수 있는 환경을 만들어주고 아이들이 스스로 판단을 내리도록 해야 한다. 공부하는 기쁨과 실패의 아픔, 성공의 자부심과 독립의 어려움도 경험하도록 해야 한다. 부모는 자식에게 도전하고 실수를 통해 배우도록 격려해야 한다. 성적이 몇 등인가, 무슨 상을 탔는가가 중요하지 않다. 무엇을 어떻게 배웠고 얼마나 발전했는가에 관심을 둬야 한다.

건강한 자식으로 키우려면 아이들과 많은 시간을 보내야 한다. 요즘은 고등학교도 기숙사가 많아 17살만 되어도 부모 곁을 떠나는 학생들이 많다. 떠나기 전에 함께 시간을 보내야 한다. 차별해서는 안 된다. 몸의 멍은 지워지지만, 가슴의 멍은 평생 남는다고 한다. 어떤 경우라도 자식과 관계가 깨지지 않아야 한다. 자녀와 부모는 평생 가는 관계라는 관점에서 봐야 한다.

도스토옙스키는 알렉세이가 소년들의 다툼을 해결하고 화해시켜가는 과정에서 하고 싶은 이야기를 했다. 일루샤의 장례식을 통해서 '부모와 함께 자라는 어린 시절의 선량한 기억을 오래도록 간직하자. 그래야 행여 사악한 일을 당하거나, 하게 될 때 자신의 어린 시절을 되돌아보고 주저할 것이다' 라고 말한다.

《카라마조프가의 형제들》을 읽으며 알아채야 할 가정 교육이다.

매번 정부가 발표하는 학교 교육 정상화니, 방과후학교 대책을 보면 아쉽다. 가정 교육은 전혀 생각지 않는다. 부모의 노동력을 활용하는 데 방점을 두고 정책을 편다. 학생들을 학교에 떠밀어놓는다. 오전 8시부터 밤 9시까지 어린아이를 유치원에 두고 가정 교육을 언제 해야 한다는 말인가? 지난 2017년 12월 저출산고령화위원회에서 방과후학교를 의무화하자는 의견을 내놓았다. 초등학생을 오후 3시까지 학교에 머무르게 하자는 거다. 세상에 말이 안 되는 정책이다. 정부나 기업이 할 일은 부모가 정해진 퇴근 시간에 자녀들과 함께 할 수 있는 시간을 확보하도록 하는 일이다. 다행히 육아휴직 하는 아빠가 많아진다는 소식이 들려 반갑다.

학교 교육이 시도해 볼 일

선생님은 공부의 목적을 생각해봐야 한다.

학생들이 학교 성적에 목매지 말도록 가르쳐야 한다. 학교를 졸업하고 30년을 살았어도 누구도 내 성적을 알고 싶어 하지 않는다. 주변에 자기가 항상 공부를 잘했다고 떠들고 다니는 사람이 있던가 생각해보자. 중요한 것은 시험 공부가 아니라 얼마나 지속해서 공부하고 배움에 관심을 두느냐. 글을 이해하고 문제 상황을 파악하여 해결책을 찾는 문제해결력을 키우는 게 중요하다. 자기 생각과 다른 사람의 생각이 다름을 인정하는 자세를 배우게 해야 한다. 친구와 경쟁하고 이기는 것보다 자신이 어제보다 나은 오늘을 만들도록 하는 것이 중요하다.

어제의 나가 오늘을 만들고 오늘의 나가 내일의 나를 만든다는 걸 알게 해야 한다. 성격은 습관의 결과다. 어린 시절부터 어떤 습관을 들였는지는 대단히 큰 차이, 모든 차이를 만든다. 절제와 용기는 지나치거나 모자라지 않아야 한다. 지나침과 모자람에는 중용이 없다. 학교 폭력, 왕따, 자살이 학교에서 해결하기 어려운 문제다. 교사 한 명이 수십 명을 관찰해야 하는 일이다. 가정에서 일어나는 일까지 연관되어 있다. 교사의 열정과 힘만으로 해결할 일이 아니다. 학생이 바른 성격을 가지고 행동해야 풀 수 있는 문제다.

중고등학교에서 교과 수업에 집중하다 보니 학생의 생각과 태도를 살피는 일에 소홀하다. 성적보다 학생의 생각과 태도가 빚어내는 행동에 더 많은 관심이 필요하다. 저출산 경향에 따라 학생이 줄어 한 명 한 명이 소중한 시대다. 왕따와 자살로 학생 하나라도 잃어버리지 말아야 한다. '행복은 학교 성적순이 아니다.' 그렇다. 살아보니 맞는 말이다.

교육과정의 편성 운영에 자율성이 보장된다. 제도적으로 보장된 교육과정 편성 운영권을 누리지 못하는 학교에 대해 아쉬움이 크다. 대표적인 일이 독서다. 학교는 누구보다 독서의 중요성을 알고 있다. 중요성을 알고 있을 뿐이다. 수업을 시작하기 전에 하루 10분이나 20분 독서 시간을 운영한다. 이런 시스템을 만드는 데도 오랜 시간이 필요했다. 운영 성과도 학교마다 천차만별이다. 체계적인 관리와 도서 선정을 위해 시범학교도 운영했다. 그러나 정규 교육과정 내에서 시행한 것은 아니다. 수업 시작 전 자율학습 시간에 책을 읽자는 것일 뿐이다.

학교의 시간 운영은 법적으로 학교장의 권한이다. 학교장과 교직원이 함께 독서의 중요성에 공감한다면 새롭게 시도할 수 있다. 학생과 학부모의 의견을 수렴하는 절차를 거쳐 매주 수요일 4교시를 독서 시간으로 운영할 수 있다. 한 주에 화요일, 수요일 4교시를 독서 시간으로 운영하거나 매일 5교시를 독서 시간으로 운영할 수 있다. 독서 시간을 운영해 삶을 생각하는 사유의 시간을 경험하게 해야 한다. 현재의 성적으로 줄 세우는 학교 교육은 '사유하지 않는 아이만'을 만들어 낼 수도 있다.

공부는 평생에 걸친 일

수학에 젬병이었기에 사범대학에 입학해서 가장 좋았던 일은 수학 시험이 없단 거다. 시험은 누구에게나 고통이지만 수학 시험만큼 큰 고통은 없었다. 대학원 진학이나 장학사로 전직하기 위해 치른 시험은 수학 시험에 견주면 즐긴 일이다. 사회에 진출해도 시험은 계속된다. 승진 시험 탓이다. 농어업이나 자영업을 하지 않는다면 평생 시험에서 벗어날 수 없다. 시험을 고통으로 여기지 않도록 하려면 어떻게 해야 하는가? 시험을 배움으로 여기게 하여야 한다. '길 위의 철학자' 에릭 호퍼는 말한다.

"교육의 주요한 역할은 배우려는 의욕과 능력을 몸에 심어주는 데 있다. 배운 인간이 아닌 계속 배워나가는 인간을 배출해야 한다. 진정으로 인간적인 사회란 조부모도, 부모도, 아이도 모두 배우는 사회다."

과거에서 배우자

일제의 기술 중심 우민화 교육과 그 기조, 산업사회에 필요한 노동력 제공이라는 숨겨진 교육정책이 과거를 잊게 했다. 《동몽선습》, 《소학》, 《계몽편》, 《동몽수지》, 《격몽요결》을 읽으며 드는 생각이다.

옛 사람들은 아침에 눈을 뜨면 '이불 개고 청소하기'가 첫 번째 할 일이라고 가르쳤다. 조선시대에 학생들이 배웠던 것 중 대부분이 학교 교육에서 배제되어 있다.

요즘 아이들은 자기 방 청소를 할 줄 모른다. 학교에서 교실 청소도 깔끔하게 하지 못한다. 휴지를 줍자고 하면 자기가 버린 게 아닌데 왜 자기가 주워야 하느냐고 되묻는다.

태어나 가족 구성원이 되고 학교에 다니고 사회생활을 하는 데 꼭 알아두고 지켜야 할 것들이 있다. 예나 지금이나 크게 다르지 않다. 옛것을 모두 버리고 잊고 있음이 정말 아쉽다. 가정에서는 대화가 줄었고, 우애보다는 독립심을 강조한다. 학교에서는 신의보다 경쟁이 다인 것처럼 가르친다. 사회에서는 경쟁에 이겼거나 밀린 사람들이 번아웃, 자살, 사이코패스와 같은 모습으로 나타난다. 언젠가는 손자, 손녀가 생길 것이다. 선조들이 사람이 살아가는 데 있어서 누구나 지켜야 할 지침으로 여겼던 것을 가르칠 것이다.

늦게 시작한 독서를 통해 교육에 대한 관점을 새롭게 한다. 교육은 학교 교육이 다가 아니며, 학교에만 맡겨둘 일이 아니다. 가정에서 부모와 자녀가 함께 하는 시간을 보내는 사회 여건을 만드는 일이 중요하다. 학교는 성적보다는 바른 성품을 기르고 사유하는 힘을 키우는 일에 힘써야 한다. 실질적인 독서 시간 운영을 시도해야 한다.

배움은 학교를 마치면 끝나는 것이 아니라 평생 지속해야 할 일이다. 사회가 빠르게 변하는 현실에서는 더욱 필요하다. 조상들은 가정과 사회생활에서 지킬 기본을 가르치는 일을 중시했다. 되살려야 할 일이다.

여성에겐 존중과 배려

《상록수》를 읽은 어느 작가의 고백이다.

"남성우월주의 시각에서 여성을 쾌락의 대상으로 보았다. 학창 시절에 독서에서 남성우월주의라는 생각이 사라졌다. 대신 여자는 존중해야 하는 존재라는 것을 깨달았다."

여자를 바라보는 관점이 책을 통해 변했다는 고백이다. 여자 친구라는 단어가 성립되기 어렵다는 인식은 '여자 사람 친구' 라는 단어를 만들어냈다. 한 사람이 관점을 바꾸면 세상이 다르게 보인다.

한 사회를 구성하는 더 많은 사람의 관점이 바뀌면 세상은 더 다르게 보인다. 사회를 바라보는 시선이 바뀌어 임계점을 넘어서면 사회 구성원 전체가 여성을 존중해야 할 존재로 인정할 수 있다. 이쯤이면 독서는 사회를 변화시키는 기제로 자리매김한다고 긍정적으로 평가할 수 있다.

제삿상을 준비하거나 명절 음식을 준비하는 부엌은 고소한 냄새를 풍겼다. 배가 고프지 않아도 부엌을 들락거렸다. 먹고 싶어도 말하지 않는 걸 보고, 작은 어머니는 부침개나 떡을 건네주셨다. "사내자식이 부엌에 들락거리면 고추 떨어진다"는 말도 함께 하셨다. 고추 떨어지는 게 대수냐, 맛있는 음식을 주는데. 이후로도 부엌을 들락거렸다. 작은 어머니가 거짓말을 했을 리가 없다. 여러 개 달린 고추가 아직 남아 있는 것인지. 잠을 잘 때 떨어졌다가 아침이면 다시 붙는 것인지. 어릴 때는 아침마다 확인했었다.

아버지가 하는 일과 어머니가 하는 일이 명확하게 구분되어 있던 걸로 기억한다. 아버지가 어머니를 막 대하는 모습을 본 적이 없다. 아버지가 돌아가실 때까지 어머니가 말대꾸하는 것을 들어보지 못했다. 88세인 어머니가 시집와서 서운해하는 것은 한 가지였다. 결혼하고 오랫동안 외할머니댁에 갈 수 없었다는 것뿐이었다. 남자는 하늘이고 여자는 땅이라는 말을 믿고 살았다.

오랜 연애 기간에 여자 친구를 리드했다. 결혼하고도 수년간 탈이 없었다. 언젠가 크게 다퉜다. 내 생각과 행동이 아내를 전혀 배려하지 않는다며 이기적이라는 문제를 제기한 거다. 조선시대까지는 아니더라도 전통적인 남자로 커왔다. 내가 내 문제를 알아채고 고치기까지 거의 20년이나 시간을 보내야 했다. 지금도 가끔씩 양성의 역할에 대해 불만이 없지 않다. 그러나 변한 건 사실이다.

여성, 아내를 대하는 관점이 두 가지 때문에 바뀌고 있다.

첫째는 나이가 들어가는 탓이다. 아내가 직장생활하면서 집안 살림에 아이들 교육을 맡아 해가는 모습에서 지친 기색이 보였다. 지친다고 표현도 했다. 도와주어야겠다는 생각을 하게 됐다. 아직은 가사를 분담하는 수준까지는 가지 않았다. 세탁기를 돌리고 빨래를 널고 개거나 옷을 다리는 수준이다. 다림질은 우리 가족 중에 제일 잘한다. 군대에서 군복을 다리던 경험 덕분이다. 더 나이가 들어가면 어떻게 될까도 미리 예측하지 않는다.

둘째는 독서를 통해서 여성의 권리가 확대되어 온 과정을 알게 됐다. 법적으로 어떻게 변했는지가 아니라, 소설과 산문을 통해서 여성에 대한 인식이 바뀌고 있음을 파악한 거다. 세상이 바뀌어가니 발맞추어 가야 한다는 생각이다.

남자가 여자를 어떻게 대하여야 한다는 것을 배우지 못했다. 직장에서도 자라온 배경과 크게 다르지 않아서 여자를 대하는 태도와 행동에 영향을 주지 못했다. 나와 같은 시대를 살아가는 남자라면 끄덕일 거라 생각한다. 책을 통해서 여자를 바라보는 관점을 바꾸는 남자도 그리 흔한 일은 아닐 거다. 《내일도 출근하는 딸에게》와 《남자를 위하여》를 읽고 관점을 바꾸게 되었다. 딸자식만 있어서인지 《내일도 출근하는 딸에게》란 책이 눈에 들어왔다. 아버지의 마음으로 취업하면 자식들이 직장생활을 잘 해내기를 바라며 읽었다. 40대 후반, 그리 오래되지 않았다.

보카치오가 여인들을 위로하기 위해 《데카메론》을 집필했다고 서문에 밝히듯 여성의 입장을 고려한 이야기가 많다. 사랑에 빠진 부인을 옹호하거나, 재능 있는 여성을 칭찬하는 이야기는 관습과 법에 따르면 불가능한 일이었다.

알렉시스 토크빌은 《미국의 민주주의》에서 "아메리카인은 성의 평등 문제에 대하여 자연이 준 남성과 여성의 차이를 인정하고 상이한 임무를 준 것으로 인식하며, 여성은 고상한 지위를 확보하고 있고 아메리카의 번영과 국력에 여성의 우월성이 크게 기여했다"라고 평가했다.

헨릭 입센의 희곡 《인형의 집》은 결혼 생활 8년째인 주인공 노라가 주인공이다. 로라가 인간, 여성으로서의 삶을 자각하고 남성중심주의 사회의 관습에서 벗어나는 모습을 그렸다. 130여 년 전 노르웨이에서 살던 여성의 모습은 현재 기준으로 이해하지 못할 수준이었다.

《루쉰 전집》 중 '나의 절연관' 은 혼란한 사회를 바로잡는 방안을 이야기한다. "남자가 죽으면 여자는 따라 죽어야 하고, 이를 표창하고 지리지에 열녀로 기록하는 것은 남자 위주의 세상이 만든 나쁜 짓이다. 유학이 분위기를 만들었다."

남녀가 평등한 시대임으로 여자에게 고통을 주는 일은 하지 말아야 한다며 1918년에 쓴 글이다. 이처럼 역사가 현재에 가까워짐에 따라 여성을 대하는 관점과 권리가 달라지고 확대되었다.

오해하지 말아야 할 것도 있다.

"낮잠을 자면 기운이 어둡고 의지가 약해집니다. 말이 많으면 원망이 생기고 비방이 일어납니다. 술을 많이 마시면 성품을 해치고 덕을 손상시킵니다. 담배를 많이 피우면 정신을 손상시키고 오만한 마음을 키웁니다. 모두 경계해야 할 것입니다."

아내가 남편에게 쓴 척독(마음을 담은 종이 한 장)의 일부분으로 《정일당유고》에 실려 있다. 부부는 5남 4녀를 낳은 지 1년 안에 모두 잃었다. 가난 탓이다. 아내의 지지와 격려, 조언에 따라 과거를 준비하다가 아내와 더불어 학문을 논하며 가난한 학자로 살았다.

먼저 간 아내의 유고를 모아 《정일당유고》를 지었다. 남편이 아내의 '지지와 격려, 조언'을 당연한 것으로 생각했다면 오해다. 부부가 서로를 믿고 지지했기 때문에 살아갈 수 있었음을 받아들여야 한다. 남자라면 꼭 시간을 내서 읽어보기를 권한다. 아내와의 다툼을 줄이고 건강한 가정을 만들게 도울 것이다.

《남자를 위하여》를 통해 남자인 나를 돌아보고 여성을 이해하고 관점을 바꾸게 되었다. 신은 디테일에 있다고 하니 자세하게 살펴본다.

《남자를 위하여》가 제목이고 '여자가 알아야 할 남자 이야기'가 부제라고 본다. 제목은 남자가 봐야 할 책이고, 부제는 여자가 알면 좋을 책이다. 가볍게 읽은 산문인데 소설가 김형경이 남자인 줄로 알고 읽었다. "어 이상하다!" 라는 생각에 웹 검색을 해보니 여성 소설가다. 유행가 중에 "내가 나를 모르는데 네가 나를 알겠느냐"는 가사가 떠오른다. 남자에겐 드러내지 않으나 분명 가지고 있는 남자의 속성을 알려주어 남자는 자신을 이해하라 한다. 같은 무게로 여자에게 남자 사람을 이해하라고 조언한다. 남자의 속성과 견주어 알려주는 여자 사람의 속성을 풀어놓아 남자가 여자를 이해하는 걸 도와준다. 남성은 여성을 이해하고 여성은 남성을 이해하자는 거다.

타인의 인생을 전면 부정하는 태도, 타인의 삶을 적극 통제하려는 태도는 예전에 가부장이 가족의 삶을 지배했던 태도다. 지금은 받아들여질 수 없다고 단언했다. 경험에서 저자의 충고를 받아들였다. 딸을 키우면서 "어느 집에서나 자녀들을 금쪽처럼 키우는데 결혼 후 여자들은 성장하는 동안 배운 적 없는 헌신, 배려, 시중들기를 해야 하니, 그것을 잘 해낼 리가 없다"라는 문장을 보며 걱정이 앞섰다. 그렇다고 닥칠 어려움을 버텨내도록 강하게 키울 능력도 없으니 답답한 노릇이다.

남자들이 이혼을 먼저 요구하는 것은 "그동안 누려왔던 권력들이 계속 축소되고 있기 때문이라는 시각이 옳을 것이다"라는 저자의 생각에 일정 부분 공감했다. 저자가 여성으로, 독신으로 살아오면서 지켜온 차선의 생존법이라 밝히는 '가만히 있기, 입에 지퍼를 달고 구석자리에 찌그러져 있기'를 보면서 안타까웠다. 여성들이 이렇게 생각하리라고는 상상하지 못했다.

"한 사람이 생을 두고 사용하는 생존법과 생의 목표는 대체로 부모와의 관계에서 만들어진다"는 생각은 자식을 제대로 키우지 못하고 있다는 부모로서의 죄책감을 확인시켰다. 특히 "아이의 말을 믿어주지 않는 부모는 아이를 거짓말쟁이로 만들고, 아이가 무엇을 하든 불안해하는 부모는 아이에게 불안감을 물려준다"니 자식들이 걱정이다.

"어떤 언어를 사용하든 남자와 여자가 서로에게 듣고 싶어 하는 말은 부드러운 위로와 사랑의 말일 것이다"라는 문장도 독자를 가슴 아프게 했다. 따뜻한 말을 해본 기억이 별로 없었다. 큰일이다.

"여자들은 자기뿐 아니라 자기 인생까지 짊어지고 가줄 짐꾼 배우자를 원한다. 심지어 그 짐꾼이 능력 있고, 잘생기고, 인간성마저 좋기를 바라며, 그토록 드문 인간이 헌신적으로 자기를 사랑해주기를 바란다. 그런 그녀들이 모르는 것이 하나 있는데, 실은 남자들이 더욱 의존적인 존재라는 점이다"는 서로 헛물을 들이킨다는 거다. 남자로서 제대로 역할하지 못해 걱정, 염려, 아픔만 느끼다가 재미를 느낀 문장이었다. "남자들은 모르겠지만, 여자들은 물건값을 적게 말할 때는 20퍼센트나 30퍼센트를 낮추는 것이 아니라 거의 90퍼센트에 가깝게 줄여서 말한다. 가정의 평화를 유지하기 위한 일"이란다. 아내도 이렇게 하는지 물어봐야겠다.

《내일도 출근하는 딸에게》는 직장생활 30여 년을 해온 선배로서, 엄마로서 딸에게 전해주는 삶의 노하우다. 딸에게 해주는 이야기라지만 아들, 나 같은 남자 직장인도 공감할 수 있다. 일부 남자들은 여성들이 날뛰는(?!) 시대라 남자들이 이리저리 치이는 감도 있다고 말한다. 킬링 타임용으로 본 영화에도 명작이 있듯이 《내일도 출근하는 딸에게》는 기대보다 좋아 곱씹어 읽은 책이다. 나에게, 딸에게, 모든 새내기들에게, 적응하기 어려워하는 후배들에게 읽어보라고 권하고 싶다. 이 책에 나오는 아래 주문들은 나에게도 필요하다.

"외로움과 사이좋게 지내라. 인생은 원래 불공평하다. 하루 세 시간이라도 집중해라. 오늘을 기록하는 사람은 내일이 다르다. '치열함' 이라는 단어에 주눅 들지 마라. 자신만의 인생 속도를 가져라. 오리지널이 되어라. 감사하라. 애티튜드가 중요함을 명심하라. 지금 하는 일에 매진하지 말고 '딴 짓' 도 하라. 나중에가 아니라 지금 하라."

가부장적인 배경에서 커온 남자라면 여자, 여성을 대하며 적지 않게 갈등과 스트레스를 느낄 것이다. 남자가 여성에 대한 관점을 바꾸는 일은 쉬운 일이 아니다. 나이가 들어감에 따라 바뀌는 부분도 있다. 사회가 여성을 대하는 변화 속도가 빠르다. 변화에 적응하지 못하고 가부장적 태도로 여성을 대하다가 인생을 망치는 사람도 본다. 여자, 여성, 어머니, 딸에 대한 관점을 돌아보고 바꿀 것은 바꿔야 한다. 빠르면 빠를수록 좋다. 가르치는 곳이 없으니 책을 통해서라도 배워 실천해야 한다. 나와 가정, 직장생활에서 스트레스나 오해를 받지 않는 지름길이다. 딸을 자녀로 두었다면 꼭 읽어보아야 한다. 《남자를 위하여》와 《내일도 출근하는 딸에게》는 가부장적 태도로 사는 남자에게 도움이 될 책이다.

인생은 오디세이 서사시

'당신은 사랑받기 위해 태어난 사람' 이란 유행가 가사는 받아들이기 어렵다. 사랑하기 위해 태어나면 좋겠다. 모두 사랑받기 위해 태어났다면 사랑은 누가 하는가? 왜 받으려고만 하나?

행복하세요! 행복하신가요? 누구나 행복하길 바란다며 나누는 인사가 행복이다. 모두가 보이지 않는 행복을 찾는다. 이런 생각과 태도는 모두가 불행하다는 역설이다. 수많은 현자의 인생론과 행복론을 읽어봤다. 행복한 인생을 살기 위해 노력했지 이러저러해서 행복했다가 아니다. 불행하니 행복 찾기를 바라는 거다. 행복해야 한다고 강요하는 듯한 상황이 부담될 지경이다.

더 마땅치 않은 것은 행복을 '정복' 하란 거다. 버트런드 러셀의 《행복론》의 원제가 《THE CONQUEST OF HAPPINESS》다. 행복을 정복한다니. 정복이란 단어는 피정복민을 불행하게 하는 죄악이다. 행복에 정복이란 단어는 어울리지 않는다. 버트런드 러셀은 왜 이런 책 제목을 붙였을까? 판단의 실마리가 된 것은 초판이 1930년에 출간됐다는 사실이다. 당시 러셀의 조국인 영국은 제국주의 국가로 팽창해서 해가 지지 않는 나라였다. 약 200년 동안 세계를 정복하고 다니다보니 자신감이 넘치던 시기다. 정복당한 사람들의 불행이나 고통은 강대국의 시혜로 포장되던 시기였다. 비록 러셀이 대단한 사상가였고, 노벨상을 받았을지라도 제국주의 철학자였다. 실제 책은 '저자가 백인으로서 흑인에 대한 인종적 우월감을 드러내고, 백인이 보는 야만인의 삶'을 그대로 적고 있다.

보이지 않는 행복을 어떻게 정의하고 언제 판단하는가?

행복을 삶의 만족도로 보고 삶의 만족도 높이기를 행복의 목표로 보면 무리가 없다. 한 인간의 생애에서 출생부터 죽음에 이를 때까지 만족할 수는 없다. 행복했는가에 대한 판단은 생애를 마칠 때까지 기다려야 한다. 모든 것의 끝에 주목해 어떻게 마무리되는가를 봐야 한다. 한 인물의 가치는 그의 사유나 말이 아니라 죽음 앞에서 마지막 선택이란 행위로 판단한다.

인생에서 세상이 중요하다고 말하는 것들이 때로는 무의미하다. 직장생활에서 열심히 노력한 결과 빠르게 승진했으나, 병이 나거나 동료로부터 비난을 받기도 한다. 승진이 행복하기 위한 것인데 병을 얻고 동료와 멀어지면 행복은 저만치 달아난다. 일찍 승진하면 얼마간 행복할 수 있다. 일찍 승진한 일이 퇴직할 때까지 계속되지 않는 경우도 많다. 하급자가 먼저 승진하는 경우도 있다.

행복한 인생은 자신의 내면을 들여다보고 자신이 원하는 것을 하는 것이다. 나아가 다른 사람을 동정할 줄 알고 공동체를 사랑하는 것이 행복한 인생을 사는 길이다.

언제나 행복할 수만은 없음을 받아들여야 한다

'어둠이 스스로 어두운 것이 아니라 밝음 때문에 어두운 것이고, 밝음이 변하여 어두운 것' 이라 한다. 밝은 그림은 배경이 어두워야 빛나고 진실은 거짓과 실수가 있을 때 돋보인다.

《소크라테스 회상》과 《그리스 역사》를 지은 크세노폰은 조국 아테네에서 추방당했다. 《펠로폰네소스 전쟁사》를 지은 투키디데스도 아테네에서 20년 동안이나 추방되었다. 사마천은 궁형을 이겨내고 《사기》를 완성했다. 모두 시대의 행운아는 아니었다. 추방당하고, 궁형을 당했다. 그래도 수천 년이 지난 지금 우리가 만난다. 그들의 인생이 불행한 것인가? 역사에 이름을 남겼으니 행복한 인생이었다고 할 수 있는가?

직장생활을 시작하면서 20여 년간 '일체유심조(一切唯心造)' 라 여기며 열심히 살았다. 4년 10개월 동안 억울한 송사에 휩싸이면서 'Paradise is where I am' 이라 생각하며 근무했다. 긴 고통을 견뎌내는 데 독서가 큰 힘이 되었다. 독서를 통해 수많은 현자의 삶을 만났다. 그들의 삶에서 위안을 얻었고 늘 행복했던 것이 아님을 알았다. '이 또한 지나가리라' 가 내 몸을 통과해가고 있다. 지금은

'인생은 고통과 모험이 있는 오디세이 서사시' 라고 카카오톡 프로필에 적었다.

　누구에게나 인생에 위기가 찾아온다. 돈이나 명예의 실추가 인생의 위기가 되기 쉽다. 돈이나 명예로 위기를 극복할 수 없다. 오르막길이 있으면 반드시 내리막길이 있다. 직장생활에서 빠른 승진은 오르막길을 쉽게 올라가는 것과 같다. 남보다 빨리 내려와야 할지 알 수 없다. 절망하거나 고통을 느끼면 움츠린다. 다시 일어서려는 움직임은 희망을 찾을 때 가능하다. 자신을 불행하게 만든 상대를 파멸시킬 수도 없다. 파멸시킨다 하더라도 내 인생이 나아지지 않는다. 고통을 준 상대에게 분노하는 것과 자신이 제대로 인생을 사는 것은 다른 문제다. 고통 없는 인생이 행복한 것만은 아니다. 고통은 행복이 무엇인가 되돌아보고 진정으로 느끼게 한다. 실패가 주는 고통에서 자신의 오만함을 되돌아보는 기회로 받아들인다.

　데카르트는 "언제나 부를 정복하기보다는 자기 자신을 정복하고, 기본 질서를 바꾸려 하기보다는 나의 욕망을 바꾸려 노력하며, 자기 생각 외에는 그 무엇도 온전히 통제할 수 없음을 믿으며, 그럼으로써 외적 문제를 해결하려 최선을 다한 후에는 더 할 수 있는 일이 없다는 것을 믿으라" 고 행복한 삶의 원칙을 제안한다.

　우종영은 《나는 나무처럼 살고 싶다》의 저자다. 청소년기에 방황

했고, 자리 잡기까지 실패도 경험했다. 자살하려던 저자가 나무가 주는 조언으로 삶을 이어갔다고 한다. 나무의 조언은, '한번 뿌리를 내리면 평생 그 자리를 떠날 수 없는, 그러나 결코 불평하거나 포기하지 않고 삶에 최선을 다하는 나무가' , "나도 사는데, 너는 왜 아까운 생명을 포기하려는 거니?"라고 말을 하는 듯했다고 한다. 같은 시대 같은 공간에 사는 인생 선배의 이야기에서 현자의 이야기 못지않은 울림이 있었다.

감정을 잘 다스리는 것도 행복한 일이다. 사람과의 관계에서 생길 수밖에 없는 것이 감정이다. 가정이나 직장에서 내가 일을 잘 하느냐 못하느냐보다 더 피곤한 일이 있다. 내 기준으로 보면, 자식도, 직장 동료도, 상사도 '이건 아닌데' 라는 생각을 할 때가 있다. 답답하고, 내가 나서서 대신하거나 '나는 저렇게 하지 말아야지' 생각한다. 이게 스트레스다. 내 기준으로 다른 사람을 보지 말아야 한다고 알고 있다. 부지불식간에 판단하고 스트레스를 받는다. 일상이 이와 같아 스트레스 받지 않는 내가 되고 싶은 욕심을 부린다.

습관은 인생에 크고 작은 성공과 실패를 부른다. 좋지 못한 음주 습관 때문에 인생에서 좋은 기회를 놓친 사람을 봤다. 맨 먼저 출근하는 습관의 힘으로 성공한 사람도 있다. 언젠가 치약 짜는 버릇을 핑계로 이혼했다는 사례를 들었다. 습관의 차이는 부부가 말다툼을 벌이는 소재다. 퇴근 후 옷은 옷장에 걸어두고 양말은 세탁물 통에 넣으라 한다. 그래야 퇴근한 것이란다. 밥상을 차리면 임무가 끝났다고 방에 들어가 TV를 켜고 드러누워야 쉬는 거라고 한다. 무엇인가 일을 시작하기 전에 커피나 차를 타놓고 시작한다. 작은 일이든 큰일이든 한 가지를 끝내면 담배 피우는 것도 고쳐야 할 습관이다. 후회를 반복하게 하는 습관은 인생을 힘들게 할 수 있다.

작지만 직장에서 성공과 실패를 경험했기에 감히 말할 수 있다. 어떻게 성공할 것인가, 어떻게 빨리 승진할 수 있을까 고민하지 말아야 한다. 어떻게 살 것인가를 고민해야 한다. 인생은 성공담을 쓰기보다 성장 스토리여야 한다.

갈등 없이 조용하고 평탄하게 사는 인생이 성공적인 삶으로 보일 수 있다. 제대로 된 삶은 고통과 의미 있는 모험을 거쳐내야 한다. 실패했다는 사실을 잊어야 한다. 실패한 나를 떠나보내고 새로운 삶, 황홀한 삶을 위해 다시 시작했다. 주저앉지 않고 새로운 희망을 찾아 제대로 된 삶을 만들어가고 있다.

좋은 것과 나쁜 것이 함께 온다고 한다.

"세상이 무시할 때 인내심을 가질 수 있고, 칭찬할 때 평정을 유지하고 타락하지 않으려면, 위대한 진리와 영원한 법칙 아래 살아야 한다."

에픽테토스의 말은 노예였던 그가 해줄 수 있는 최상의 인생 조언이다. 행복은 몸에 좋지만 정신의 강인함은 고통과 슬픔에서 더 잘 크더라.

인생의 목표는 '나'여야 한다. 지갑이나 핸드폰을 잃어버리면 당황한다. 정작 소중한 것을 놓치고는 알지 못했다. 실패와 고통이란 결과를 맞이하더라도 자신이 선택한 길을 가야 한다. 다른 사람들이 좋다고 가는 길로 억지로 끌려가지 않겠다. 내가 판단하고 선택하고 실천할 것이다. 내 인생의 선장은 자신이다.

인생은 고통과 모험이 있는 오디세이 서사시

인생은 언제나 행복할 수만은 없다. 닥친 문제를 자신의 힘으로 해결하려고 노력하고 실천해야 한다. 현재의 실패가 인생의 실패가 아니다. 죽음을 맞이한 순간에 판단할 일이다. 인생은 고통이 있고 고통을 의미 있게 극복하는 일이다.

트로이를 출발하여 고향으로 돌아가는 오디세우스는 고향에 돌아가기까지 10년 동안에 수많은 위험을 겪었다. 칼립소라는 요정의 섬에 감금되었으나 뗏목을 타고 섬을 탈출했다. 거인족이 사는 섬에서 폴리페모스의 눈을 불로 달군 올리브 나무로 태우고 겨우 도망쳐나왔다. 바람의 신으로부터 선물로 받은 바람 주머니를 항해 중에 열어 배는 파선 당했다. 식인종인 라이스트류곤 사람들이 사는 섬에 표류했다가 가까스로 탈출했다. 마법의 여신 키르케가 사는 섬에 도착하여 부하들이 돼지가 되는 수난도 겪었다. 폭풍우를 만나 부하 전원을 잃었다. 오디세우스는 혼자 살아남아 칼립소 섬에 표류했다. 칼립소 섬사람들의 도움으로 10년 만에 고향으로 돌아온다.

오디세우스가 아름다운 노래로 선원을 유혹하는 사이렌을 물리치려고 몸을 돛대에 묶고 눈을 가리지 않았던가. 여신의 유혹을 물리치는 선택이 폭풍을 만나게 했어도 끝내 가족과 재회했다. '인생은 고통과 모험이 있는 오디세이 서사시'라고 하는 까닭이다.

고통 속에서 모험하는 인생에 루쉰의 희망을 선물한다. 루쉰의 소설〈고향〉끝 문장이다.

"희망이란 본시 있다고도 없다고도 할 수 없는 거였다. 이는 마치 땅 위의 길과 같은 것이다. 다니는 사람이 많다 보면 거기가 곧 길이 되는 것이다."

전쟁은 최고의 비즈니스

악몽이다. 제대한 지 10년이 넘었는데 군대 생활하는 꿈을 꿨다.

더 기가 막히는 일은 제대 날짜가 기록된 '병역수첩' 을 보여줘도 다시 입대해야 하는 꿈이다. 전쟁 영화를 즐겨본다. 아내는 영화 때문에 꿈에서 군대에 끌려간다고 핀잔한다. 군대에 재입대하는 꿈을 자주 꾸는 반면 아직은 젊은 거다. 나이가 들어가며 좋은 점도 있다. 실제 상황이라도 징병 대상이 아니라는 점이다.

'전쟁은 미모의 여인이 원인이다.'
'전쟁은 종교 때문에 일어났다.'
'전쟁은 민족주의로 격화되었다.'
'전쟁은 경제적 수단이다.'

독서로 파악한 전쟁의 원인이다. 여인의 미모, 종교, 민족주의, 경제가 전쟁이 일어나게 했던 순서다. 아프로디테(로마에서는 비너스)가 파리스에게 세상에서 가장 아름다운 여인을 아내로 맞게 해주겠다고 약속했다. 헬레네는 신이 보기에 가장 아름다운 여인이었다. 아가멤논이 트로이 전쟁을 시작한 원인은 트로이 왕자 파리스가 스파르타의 왕비 헬레네를 빼앗자 제수인 왕비를 찾아오려고 했기 때문이다. 클레오파트라는 카이사르와 안토니우스의 마음을 흔들었고, 악티움 해전의 원인을 제공했다. 양귀비는 안녹산의 난리 중에 현종과 안녹산에게 다툼의 요인이었다.

11세기 말부터 13세기까지 약 200여 년간 치렀던 십자군 원정은 로마 가톨릭과 이슬람교의 전쟁이었다. 17세기 독일에서 벌어진 30년 전쟁은 로마 가톨릭과 프로테스탄트 간의 전쟁으로 최대, 최후의 종교전쟁이었다. 1793년부터 1815년까지 벌어졌던 나폴레옹 전쟁은 민족의 이익을 위한 전쟁이었다. 1차 세계대전과 2차 세계대전은 이념으로 포장된 경제적 이익을 위한 전쟁이었다.

전쟁에 관해 서양과 동양의 관점을 견주어 본다.

"평화를 원하는 자는 전쟁을 준비해야 한다"는 명언을 남긴 플라비우스 베게티우스 레나투스는 4세기 로마 사람이었다. 서양에서 전쟁을 다루는 책으로 레나투스의 《군사학 논고》는 고전이다. 로마시대 레나투스의 《군사학 논고》를 21세기 미국 웨스트포인트에서 배운다. 중국에서는 기원전 6세기에 손무가 지은 《손자병법》이 군사 고전이다. 동양과 서양이 전쟁을 바라보는 생각과 태도가 다르다. 《군사학 논고》는 적을 패배시키려면 어떻게 싸워야 하는가를 다룬다. 《손자병법》은 될 수 있으면 싸우지 않고 이기는 게 최선이라고 본다. 서양의 전쟁은 다른 민족과 벌이는 전쟁이라서 너 죽고 나 살자는 입장에서 전쟁을 바라본다.

《손자병법》을 쓰던 춘추전국시대의 전쟁은 같은 중국 사람(주나라 황실을 모신다는)끼리 벌인 전쟁이었다. 적국을 '불에 타서 검게 그을린 땅'으로 만들면 남는 게 없다. 적을 온전히 내 편으로 만드는 것이 더 이익이라는 생각으로 쓴 거다. 카이사르는 서양에서 예외였다. 당시 서양의 전쟁은 적을 전멸시키거나 패잔병을 노예 삼는 것이 일반적 상황이었다. 카이사르는 대부분 적을 풀어주고 약탈도 절제했다. 더구나 적군의 지휘관을 생포하고도 살려줘 다른 싸움터에서 다시 적으로 만났다. 다시 잡았어도 다시 놓아줬다. 카이사르가 싸운 방법은 적을 전멸하기보다 싸우지 않고 항복을 받아 내는 것이 최고라는 《손자병법》과 통한다.

현대에 들어서 전쟁을 대하는 생각과 태도가 과거와 달라졌다.

기존 강대국은 한 나라가 새로운 강대국으로 성장하면 더 커지는 것이 두려워 신흥 강대국과 전쟁을 벌인다. 이를 '투키디데스의 함정'이라고 한다. 국력의 변화는 전쟁이 일어날 여건을 만든다.

다른 하나는 감추려고 하지만, 전쟁을 '경제 위기를 타개하려는 방법'으로 사용한다.

폴 크루그먼 프린스턴대학 경제학 교수는 노벨경제학상을 받았고 오바마 행정부에 영향력을 행사할 수 있었던 학자다. 폴 교수는 1930년대 경제공황을 끝낸 것은 루스벨트 대통령의 뉴딜 정책이 아니라 2차 세계대전이었다고 주장했다. 2차 세계대전을 대규모 정부 지출로 경기 침체 문제를 해결한 사례로 봤다. 학창 시절 배웠던 '미국이 경제 공황을 극복할 수 있었던 것은 뉴딜 정책의 성공 덕분이다' 는 진실이 아니라는 말인가?

더욱 믿기 어려운 것은 미국이 경제 위기에서 벗어나려면 위기상황을 만들거나 전쟁을 일으켜야 한다고 주장한 일이다. 우리 동맹국이자 세계 경찰로 세계 평화를 지킨다고 믿어왔던 미국에서 나온 말이니 충격이었다. 1980년대 초 CNN 방송에 출연하여 "만일 우리가 외계인들이 지구를 침공하려는 것을 발견했다면, 재정 적자나 인플레이션 따위는 부차적인 문제이고 우리는 외계 공격을 막기 위한 대규모 지출을 해야 할 것이다. 그런 뒤에 나중에 '아, 실수였네, 외계인이 아니었구나' 할지라도 우리의 상태는 지금보다는 나아질 것이다"고 말했다 한다. 만화책에나 나올 법한 대화가 미국 현실 정치에서 벌어진 것이다.

왜 폴 교수가 이렇게 판단했을까? 미국 자본주의의 강점인 높은 생산성은 약점이 될 수도 있다. 자본주의 발전과정에서 여러 요인이 생산성을 증가시켰다. 수요를 고려하지 못하고 대량으로 재화를 생산했다. 20세기 초 미국에서 팔리지 않는 상품들이 쌓였고, 해고된 노동자는 대량의 실업자가 됐다. 소득 없는 실업자가 쏟아져 경제 위기는 더 악화했다. 미국의 경제공황은 2차 세계대전 중에 끝났다.

대공황의 핵심 문제는 공급과 수요 사이의 불균형이었다. 군수품 주문으로 국가가 경제적 수요를 대규모로 만들어내 해결한 것이다. 2차 세계대전 동안 거대기업과 경영자들이 배운 교훈은 '전쟁 기간 동안에 큰돈을 벌 수 있다'는 사실이었다. 이윤을 내기에는 평화시기 때보다 전쟁 때가 더 쉽더라는 것, 미국에 우호적인 국가가 협력해야 한다는 것이었다.

평화로울 때 공급과 수요 사이의 불균형이 미국 경제를 다시 어렵게 할 수 있다고 볼 수 있다. 전쟁 기간에 나라의 생산력은 폭발적으로 증가한다. 노동자들은 군인들이 복귀하면 실업자가 되고, 실업과 구매력의 감소는 수요 부족을 악화시킬 것으로 예상할 수 있다. 부유한 권력자들의 관점에서 전쟁이 끝나고 다가올 실업이 문제가 아니다. 중요한 것은 전쟁 기간에 군사비 지출은 이윤의 원천이라는 점이다. 이윤 창출을 지속하려면 새로운 전쟁이 있어야 가능하다. 이런 구조가 미국이 전쟁을 필요로 한다고 보는 판단 근거다.

전쟁은 범죄고 사기다

《은밀한 그러나 잔혹한》에서 노엄 촘스키가 언급한 사례다. 문학평론가 브루스 프랭클린은 미국 문학에 하나의 공통된 주제가 있다고 말한다.

"우리에게 바야흐로 재난이 닥치게 되어 있으며, 우리를 전복시키고 파멸시키지 못해 안달하는 놀라운 적이 있다. 그런데 마지막 순간에 무슨 굉장한 무기나 슈퍼 히어로 같은 게 나타나서 우리를 구해준다."

미국은 식민지 시대 이후 지금까지 '재난'으로 인디언, 노예, 중국, 베트남, 이슬람을 상정하고 있다. 촘스키는 미국인의 의식을 이렇게 만드는 데 정부가 선전(프로파간다) 역할을 한다고 판단한다. 미국인의 의식과 전쟁 경제라는 논리가 결합되면 새로운 전쟁을 시도해도 언제나 이긴다는 판단을 할 것이다. 이를 걱정하지 않을 수 없다.

한편에서는 전쟁을 반대하는 목소리가 미국인의 양심에 호소한다. 《전쟁은 사기다》는 스메들리 버틀러가 여러 차례 강연한 내용을 정리한 것이다. 버틀러는 미군 장교로 수십 년간 군 복무를 경험하고 여러 차례 훈장을 받은 군인이다. 미국-스페인 간 전쟁, 니카라과 등 중남미에서 미국의 이권을 확보하기 위한 전쟁터에서 활약했다. 버틀러는 19~20세기에 미국이 벌인 전쟁을 평가하고 전쟁이 일어나지 않기를 바라는 의도로 책을 냈다. 미국뿐 아니라 소련, 중국, 일본, 영국, 독일 등 강대국이거나 강대국이었던 나라에 반성을 요구한다.

"전쟁은 사기다. 가장 쉽게 큰 이득을 남길 수 있는 사기다. 이득은 달러로 계산하고 손실은 인명으로 계산하는 유일한 사기다. 이득을 보는 사람은 기업, 은행가들이다. 전쟁 빚을 가장 많이 갚은, 즉 전쟁 이득을 가장 많이 제공한 사람들은 바로 군인이다.

《전쟁은 사기다》

버틀러는 전쟁 사기를 없애려면, 하나, 전쟁에서 이득을 보는 사람이 없게 해야 한다. 둘, 무장을 할 이 땅의 젊은이들이 참전 여부를 결정하도록 해야 한다. 셋, 우리 군사력을 자국 방어용으로만 제한해야 한다고 주장한다.

묵자는 "한 사람을 죽이는 것은 중죄이고 100사람을 죽이면 죄가 100배가 된다. 세상의 모든 왕이 이 점을 알지만, 가장 큰 범죄인 다른 나라와의 전쟁은 칭송한다. 이는 옳고 그름을 구분하지 못하는 것이다"고 지적한다. 묵자는 "천하에 이익 되는 것을 북돋우고, 천하의 해가 되는 것을 없애는" 것을 정치의 원칙으로 삼았다. 전쟁은 해로움만으로 가득 찬 것이니 해서는 안 되는 일이란 거다.

미국과 중국이 전쟁을 벌인다면 '투키디데스의 함정'으로 해석할까? '경제적 이익' 때문일까? 역사적으로 평화를 지키려는 노력도 시도했다. 헬레니즘 세계에서 '세계 시민주의'라는 개념이 있다. 나폴레옹도 '유럽협회'를 언급해 같은 화폐를 쓰고 여행의 자유를 누리는 유럽을 구상했다. 빅토르 위고, 헤겔, 버트란트 러셀도 유럽 합중국이나 '세계정부'라는 개념을 제안했다. 오늘날의 유럽연합(EU)은 한 순간에 결정한 사항이 아니다. 긴장이 최고조 수준이거나 너무 무료할 때, 전쟁이라도 났으면 좋겠다고 내뱉는 것은 무책임한 일이다. 전쟁은 권력을 쥔 사람들이 시작한다. 죽어 나가는 것은 기득권이 없거나 잡아볼 기회조차 없는 젊은이들이다. 전쟁보다 평화를 원하고 추구해야 한다. 평화를 위해서는 전쟁을 경제를 살리기 위한 수단으로 사용하지 않아야 한다. 묵자의 견해처럼, 전쟁보다 더 큰 범죄는 없다는 관점을 공유해야 한다.

종교는 자유여야 한다

국립공원 계룡산 주변에 갑사, 동학사, 신원사가 터를 잡고 있다. 초등학교, 중학교 소풍은 언제나 4킬로미터 안에 있는 신원사로 다녔다. 후에도 바람을 쐬러 가든, 단풍을 보러 가든, 절에 심심치 않게 갔다. 절이든 어디서든 스님의 법문을 제대로 들어본 적이 한 번도 없다. 종교인으로 절에 간 것은 아니다. 법정 스님에게서 무소유를 배우고 법륜 스님과 몇 스님은 책을 통해 만났다.

크리스마스 전후에 동네 교회에 몇 번씩 다니다 말기를 몇 차례 반복했다. 방학이면 할 일도 없어 심심했다. 이웃집은 가족 모두 교회에 다녔다. 이웃집 어른들은 나를 여러 번 교회에 데려갔다. 하느님이나 예수님이 있다고 믿지 않았다. 재미가 없었다. 한 번은 부흥회에 따라갔다가 옆에서 크게 우는 소리에 얼마나 놀랐던지, 다시는 가지 않겠다고 생각했다. 중학교 3학년 때는 일요일마다 50번이나 교회에 갔다. 목사님이 어른들과 예배를 보기 전에 중학생을 데리고 설교를 해주셨다. 성실하게 살아야 하고 목표를 갖고 살아야 한다는 말씀이 고마워 일기장에 적기도 했다. 빠지지 않고 일요일에 교회에 간 까닭은 참한 여학생이 있었기 때문이다. 사이비 신도였다.

하나님이나 알라신이나 부처님 중에서 한 분을 선택해 믿는다면 두 분이 화를 낼지 몰라서 종교를 선택하기 어렵다. 세 분 다 한글을 모를 테니 안심해도 될 듯하다. 책을 읽고 기록한 독서노트를 살펴보니 서른두 권에서 종교적인 내용이 있다. 정약용 형제가 책을 통해 기독교를 배우고 믿은 것처럼 종교를 책을 통해 배웠다. 삶에 도움이 될 성싶은 것만 취하게 됐다.

《논어》는 말한다. 자로가 공자에게 귀신의 문제, 죽음의 문제에 관하여 묻자 공자는 "삶에 대해서도 아직 다 모르는데 어떻게 죽음을 알겠는가? 죽음을 논할 필요조차 있겠느냐?"고 답했다. 인간의 지식은 한계가 있으며, 인간의 지혜로 알 수 없는 불가지한 영역이 있는 것이다. 고대 그리스에서 신탁을 받듯이, 《주역》에서처럼 하늘의 뜻을 묻는 것이 옳지 않은가라는 입장이다. 공자의 이러한 입장은 중국에 영향을 미쳤다. 중국인은 서양처럼 종교적이지 않고 기독교나 불교는 한때 일부 지역에서만 믿었다.

유럽을 중심으로 서구 사회에서 종교의 역할은 중국을 비롯한 동북아에서 상상할 수 없을 정도로 컸다. 기독교는 로마시대, 중세, 근대를 거쳐 현대에 이르기까지 서구 사회를 이해하기 위한 필요충분조건이다. 인간의 삶을 이끌고 지배하기도 했다.

유발 하라리는 "오늘날 종교는 흔히 차별과 의견 충돌과 분열의 근원으로 여겨진다. 그러나 실상 종교는 돈과 제국 다음으로 강력하게 인류를 통일시킨 매개체"로 분석한다. 기독교는 도덕이자 삶의 기본 바탕이었다. 기독교 도덕은 예수나 제자들이 만들지 않았다. 존 스튜어트 밀은 도덕이 가톨릭교회 초기 500년에 걸쳐 조금씩 체계화되었다고 말한다. 사도 바울이 명백하게 노예 제도를 인정했음에서 알 수 있다.

기독교의 성장 과정에서 아우구스티누스는 인간의 원죄를 주장했다. 인간의 죄악은 정욕과 습관의 노예가 된 것으로부터 시작된 다는 시각이다. 아무리 이해하려고 해도 원죄를 이해할 수 없다. 중세 수도사들은 아리스토텔레스의 책을 금서로 취급했다. 기독교 진리가 무너질 수 있는 내용이 있다고 판단했다.

아리스토텔레스의 철학이 기독교와 어울리지 못하고 플라톤의 철학과 어울린다는 사실을 독서로 배웠다. 중세 기독교도들에게 신만이 일상생활을 결정했다. 사물의 본질을 탐구할 이유가 없었다. 중세 과학 발전이 아랍세계보다 뒤졌던 원인이 되었다. 13세기 토마스 아퀴나스가 활동하던 시대는 교황의 권한이 왕의 권한보다 막강했던 시기였다. 이성은 인정하지만 신의 세계와 관계없다고 주장했다. 민중과 교회는 폭군을 전복시킬 수 있다고 말할 수 있던 시대였다. 이를 통해서 서구 기독교 사회에서 '개인'을 의식할 수 있게 됐다.

몽테뉴는 신을 믿지 않는 불신자가 얼마나 비참한 존재인가를 논리적으로 증명하려고 노력했다. 신이 없는 세상은 공허, 비참, 권태로 가득 차 어둡고 절망적인 상태라고 보았다. 비참해지지 않으려면 신을 믿고 기독교인이 되어 신의 은총에 의지해 구원받으라 했다. 역 광장이나 지하철에서 '믿으라'고 외치는 아주머니와 몽테뉴가 크게 다르지 않다고 생각한다.

2000년이나 서구 사회에서 정신세계와 속세에 영향력을 행사한 기독교도의 믿음은 약해졌다. 믿음의 약화는 여러 곳에서 나타났다. 16세기가 되자 교회의 이름으로 아메리카 정복을 비난하는 사람이 생겼다. 미국의 초기 지도자들은 종교보다 속세를 강조한 무신론자였다. 종교는 정신적인 영역에 제한하고 종교 외적인 것은 관여하지 않았다. 라캉에 따르면 "현대 유럽에서는 종교를 더 '실제로 믿지' 않는다. 단지 우리가 속해 있는 공동체의 '라이프스타일'에 대한 존중의 일부로서 종교적 의례나 관습을 따를 뿐이다" 라고 진단한다. 헨리 데이비드 소로우를 통해 미국 내에서 기독교에 대한 냉소적인 태도도 있음을 알 수 있다.

이슬람교에서는 기독교의 원죄를 부정한다. 인간은 원래가 착한 존재이기 때문에 실수나 죄, 불의 같은 것은 일시적이라 본다. 실수나 죄, 불의는 용서할 수 있다는 게 이슬람의 종교적 이념이다. 비무슬림은 이맘 앞에서 "알라 외에는 신이 없고, 무함마드는 알라의 사자(使者)임을 증언한다"라고만 큰 소리로 말하면 이슬람 신자가 된다. 기독교에서 아리스토텔레스를 부정한 것과 반대로 이슬람 세계에서 아리스토텔레스는 존경받았고, 그의 책은 모두 아랍어로 번역되었다.

이슬람의 정치 원리는 '슈라'(협의제), '정의', '자유', '평등'이다. 슈라는 무슬림 공동체를 운영하며 제기된 문제들을 공동으로 협의한다. 슈라 정신은 이슬람 민주주의의 중요한 유산이라고 주장한다. 자유의지나 선택의 자유는 하나님이 인간에게 부여한 속성으로 본다. 이슬람교에서 평등은 프랑스혁명 당시 발표한 '인권선언' 보다 수백 년 앞섰다.

무슬림이 다수인 국가는 민주주의가 불안하다거나, 경제가 낙후됐다거나, 여성을 낮춰본다는 시각이 존재한다. 무슬림들은 터무니없는 해석이라며 되묻는다.

'기독교가 주요 종교인 미국의 범죄율이 세계 최고 수준인 이유는 기독교 때문인가?'

이슬람에 대한 여러 가지 무지와 오해는 서로의 대화를 어렵게 만든다. 인류 문명에 대한 올바른 이해에도 걸림돌이다. 따지고 보면 그 뿌리는 이른바 '서구 문명 중심주의' 에 있다. 이슬람을 '한 손에는 코란, 한 손에는 칼' 을 든 폭력 종교로 오도했다. 근대의 이슬람 부흥 운동을 '이슬람 근본주의' 라는 호전 종교로 몰아붙인 것도 서구 문명이다. 그 싹은 중세시대에 무슬림을 증오의 대상으로 보는 유럽 내부의 신학적, 정치적 필요에 있었다. 오랜 역사를 가진 불화의 역사다.

한국인이 믿는 불교는 대승불교다. 책을 읽기 시작하면서 철학의 한 부분으로 선택해《육조단경》을 읽었다.《육조단경》은 육조 조계 혜능대사의 법문집이다. 대한불교의 조계종의 조계가 육조 조계 혜능 대사의 그 조계라고 한다. 혜능대사의 가르침이 대승불교의 핵심이다. 고우 스님에 따르면 중국의 마오쩌둥은 《육조단경》을 가까이 두고 애독했다고 한다. 《육조단경》에서 '양변(兩邊)을 여의(如意)라' 는 것이 핵심이라고 여러 번 반복한다. 양변을 여의라는 것은 좋다-나쁘다, 있다-없다, 선-악이라는 이분법적인 사고를 하지 말라는 것이다. 그래야 그것이 중도이고 《육조단경》이 말하는 종지(宗旨)라고 이해했다. 생활 철학의 일부로 받아들였다. 처음부터 끝까지 '양변을 여의라' 고 하지만, 이것이 쉬운 일이 아니다. 그래서 더욱 지겹도록 반복한다. 내가 무아라고 여기지 않고 '내가 있다' 라고 생각하면 절대 양변을 여일 수 없다. 내가 있다고 생각하면 이기심이 생겨 이기심에 따라 하는 봉사, 염불도 소용없다는 뜻으로 이해했다.

고대 사회에서 세계를 다스린 존재는 신이었고, 신의 지배로부터 인간이 분리되는 과정으로 역사를 정리할 수도 있다. 누군가에게는 종교가 삶의 목적이고 수단이다. 신을 믿기보다 자신을 믿겠다는 생각으로 사는 무신론자다. 종교적 편향성을 극복하기 위해서는 그가 어떻게 종교를 접하게 되었는가가 중요하다.

16세기 유럽에서는 종교재판이 성행했다. 1555년 아우크스부르크 종교 화의에서 개인이 종교를 선택할 수 있는 자유가 처음 보장됐다. 유럽에서 마녀를 화형에 처한 마지막 해는 1749년이다.

16세기 인도를 통치하던 무굴제국에 악바르 황제가 있었다. 악바르는 포고령을 통해 종교 선택의 자유를 인정했다. 악바르 포고령이 나온 배경 원리인 '자유'는 이슬람교 정치 원리였다. 악바르 포고령은 "아무도 종교로 인해 간섭받아서는 안 되며, 그가 원하는 대로 종교를 바꿀 수 있다. 만약 힌두인이 어렸을 때나 다른 때에 그의 의지에 반하여 무슬림이 되었다면, 그가 원할 경우 자신의 선조가 믿었던 종교로 돌아가도 된다"라는 내용이다.

리처드 도킨스는 "아이들이 서로 다른 신앙을 알게 하고, 그것들이 화합할 수 없음을 알아차리게 하고, 그 불화합성이 어떤 결과를 빚어낼지 스스로 결론 내리게 하자. 어느 것이 타당한지는 충분히 자란 뒤에 스스로 결정을 내리게 하자"고 제안한다.

종교의 자유가 법적으로 보장된 나라에서 사는 것이 다행이다. 종교가 불교든 기독교든 생활을 반성하고 마음의 평화를 느끼려고 신앙생활을 하는 것에 찬성한다. 종교적인 이유로 타인을 미워하거나 지배하려 해서는 안 된다. 재산 축적의 수단으로 비치게 활동하는 종교인이 없으면 좋겠다. 종교 선택과 개종을 어떻게 보아야 하는가? 무신론자가 보는 종교에 대한 바람직한 관점은 '악바르 포고령' 과 '리처드 도킨스의 제안' 이 가장 타당하다.

생산하고 공유하는 사람이 지식인

누가 지식인인가?

뉴스에서 청와대 무슨 수석이 남긴 수첩이 일의 실마리를 풀어가는 상황을 본다. 역사를 위해 다행한 일이다. 라틴어 명언 중에 '말은 날아가지만, 글은 남는다' 를 실천했다.

대학을 졸업하면 학사 논문을 쓰고 석박사 학위를 받으려면 논문을 써야 한다. 직장생활 20년이면 승진 말고도 살아온 이력과 살아갈 방향, 어떻게 살고 있는가를 책으로 정리해야 한다. 바쁘다고 미룰 일은 아니다. 일본에서는 대리만 되어도 자기 책을 내는 것이 특별한 일이 아니란다. 일본에 뒤처지지 않으려면 우리도 마흔이면 자기 책을 낼 준비를 시작해야 할 때다.

목차를 정하면서 던져둔 '지식인' 이란 단어가 발목을 잡는다. 해외 유학을 다녀온 사람이 수만 명이다. 대학교수, 종합일간지에 논설을 싣는 언론인, 자신의 생각을 책으로 내놓아 인정받은 사람들도 수만 명이다. 나는 지식인인가? 그렇다고 답하기 어렵다. 교사,

장학사로 근무했으면 지식인 축에 들지 않겠느냐는 질문에도 그렇다고 답하기 어렵다. 19년 동안 배우러 학교에 다녔으니 가방끈이 긴 것 아니냐고 한다면 이것도 머쓱하다. 사전은 지식인을 '일정한 수준의 지식과 교양을 갖춘 사람'이라고 정의한다. 일정한 수준이 어느 정도인지 알 수 없다. 더구나 교양을 갖춘다는 것은 더더욱 어려운 일이다. '미네르바의 부엉이는 황혼녘에 날개를 편다'고 지식인의 소극성을 비웃는다. 대체 자신이 없다. 지식인 틈에 끼거나 인정받고 싶은 욕망일 뿐이다. 헛된 욕망이다.

다만 교사와 장학사로 교직에서 근무했기에 지식을 생산하는 사람이어야 한다고 믿는다. '교과서에 있는 지식을 전달만 하는 일을 평생 해야 하는가?' 교사로 발령받아 서너 해가 되어갈 무렵에 든 생각이다. 교과 전문가들이 만들어준 교과서를 토대로 가르치는 일은 소비다. 아무리 좋게 봐도 구세대가 신세대에게 지식을 전달하는 일이다. 답답했다. 그렇다고 무언가를 생산하지도 못했다. 생산하지 못하는데 공유까지는 생각도 못 했다. 공유라는 개념도 인터넷이 보급되면서 친근해진 개념이니 교사에게 1990년대 초까지 공유란 남의 일이었다.

'적자생존'은 직장생활 초기에 듣던 말이다. 다윈의 진화론에서 말하는 적자생존이 아니다. 무엇이든 기록하는 것이 귀로 듣고 흘리는 것보다 업무 처리와 직장생활에 도움된다는 뜻이다. 수첩을 들고 다니라는 충고였다. 공유의 개념이 일상화되면서 지식 생산을 시작했다. PC 통신 시절에 천리안 교사동호회 자료실에 학습 자료를 올려 공유하는 걸 지켜봤다. '교육 자료 공유 운동'이 일어났다. 전국에서 초등학교 선생님들을 중심으로 자료실에 탑재한 교육 자료가 쌓여갔다. 비교가 안 될 정도로 적은 양이지만 중등자료실에도 자료가 올라왔다. 1997년에 처음으로 지도안과 학습 자료를 공유했다. 다음해에 어느 중학교 선생님이 내가 올린 자료를 웹으로 가공해 가치를 더하고 공유하는 광경을 볼 수 있었다.

무엇이든 남겨야 한다

400년 전 요절한 남편에게 아내인 원이 엄마가 쓴 편지가 '조선판 사랑과 영혼'으로 역사스페셜 프로그램으로 공개됐다. 내용을 보면 남편을 그리는 애절한 사연에 사랑이 절절 넘친다.

예수의 열두 제자가 남긴 글이 신약성경이 됐다. 근대화 과정에서 사라져가는 사람들의 살아온 이야기와 풍물이 《혼자 사는 외톨박이》라는 기록으로 묶여 남겼다. 소설가 이문구는 《관촌수필》과 《우리 동네》를 통해 사라져 가는 충청도 사투리를 남겼다.

책을 읽고 얻은 감동과 내용은 오랫동안 기억하기 어렵다. 시간이 흐르면 잊기 마련이다. 오래도록 기억하고 내 것으로 만들려면 글로 남겨야 한다. 남긴 글의 수준이 높고 낮음을 평가하지 말고 남겨야 한다. 독서 일기라도 좋다. '호랑이는 죽으면 가죽을 남기고 사람이 죽으면 이름을 남긴다' 는 말은 어릴 적부터 들어온 말이다. 죽으면 족보에 이름을 올린다는 의미 말고는 아무것도 아니다. 족보에 이름을 남겨 무엇에 쓴다는 말인가.

'무엇이든 남겨야 한다' 는 것을 '무엇이든 생산해야 한다' 는 말로 해석한다. 교사는 학생들을 가르치는 과정에서 얻은 노하우를 기록으로 남긴다. 10개 반 학생들을 가르치는 교사들이 남긴 기록은 검토하고 공유하면 지혜가 될 수 있다. 새로 전입한 교사에게 학생 지도를 위한 기초 자료로 활용하도록 쓸 수 있다. 신규 발령 교사에게 선배 교사가 전하는 지혜는 불안감이나 머뭇거림 없이 학생을 대할 수 있게 한다. 국어 교사가 책을 읽고 노트를 작성하고 모아두면 어느 학교에서나 활용할 수 있는 학습자료가 된다.

직장인이 생산이나 영업, 유통 분야에 근무하며 남긴 메모는 생산을 효율적으로 할 수 있도록 도울 수 있다. 영업의 지혜가 되고, 유통의 개선점을 발견할 수 있다. 생산, 영업, 유통 담당자가 머리를 맞대고 협의하는 과정에서 생각의 융합을 경험할 수 있을 것이다. 자신이 처한 자리에서 생산한 자료는 소속 기관과 집단에 유용한 지혜를 만들 기초 자료다. 공장에서 눈에 보이는 물건을 생산하는 것만이 생산이 아니다. 일하면서 남긴 기록과 책을 읽고 남긴 기록도 생산이다. 생산이 공유로 연결되면 가치를 만들어 낼 수 있다.

'지식인은 생산자, 공유자여야 한다' 는 말은 당위성을 강조하는 것이고 '모두가 생산자고 공유자여야 한다' 는 목표를 말한다. 지식의 생산과 공유를 '일정한 수준의 지식과 교양을 갖춘 사람' 에게만 맡길 일이 아니다. 지식에 높고 낮음은 없다고 생각한다. 우리가 생산한 모든 지식은 모이고 모여 빅데이터가 된다. 모인 지식에서 아이디어가 나오고 융합이 일어난다.

책을 읽는다면 독후감이든, 줄거리 요약이든, 독서노트로든 남겨야 한다. 우리는 선진국에 견주어 책을 훨씬 적게 읽는다. 적게 읽고도 많이 읽은 것만큼 가치를 얻으려면 적어 남겨야 한다. 아날로그적인 감성이라 탓할 수 있다. 그래도 남겨야 지혜가 된다.

'지식인은 생산자, 공유자여야 한다' 는 문장은 '생산하고 공유하는 사람이 지식인' 이라고 바꾸어야 한다. 생산하지 않고 공유하지 않으면 대학교수나 언론인이나 그 누구도 소비자다. 누구도 예외일 수 없다. '적자생존' 이다.

독서가 답이다

우리 사회의 독서량은 매우 적다고 한다. 세계 10위권 경제력에 견주거나 선진국의 문화 수준, 특히 일본의 독서량에 견주면 부끄러울 뿐이다. 제법 책을 가까이하는 사람들과 책읽기 모임에 나가 보면 자기계발서나 에세이를 읽고 온다. 온라인 독서 모임에서 추천되는 책도 읽기 쉬운 책이 호응을 받는 편이다. '책을 왜 읽는가?'에 대한 의문을 갖고 생각해볼 일이다. 앞에서 지적인 호기심, 요구하지 않은 책임감, 조선 선비의 삶을 닮고 싶어 책을 읽는다고 밝혔다.

책을 읽어야 한다는 당위를 강조하는 것만으로는 책을 읽을 동기 부여에 한계가 있다. 수많은 자기계발서는 성취동기를 부여하고 일을 시작할 수 있게 한다. 거기까지다. 눈에 보이는 결과를 기대하는 사람에게는 부족하다. 책을 읽어 생기는 유익함을 구체화해 볼 수 있다. 개인 경험에 따른 유익함이라는 제한을 염두에 두고 살펴본다.

첫째, 책 읽기는 직장생활에서 아이디어를 떠올리게 하여 업무를 효율적으로 추진하고 성과를 낼 수 있게 하였다.

중학교 교사일 때, 책을 읽고 온라인 커뮤니티를 수업에 활용하며 아이디어가 떠올랐다. 2005 에듀엑스포 혁신아이디어 공모전에 아이디어를 제안해 부총리 상을 받았다. 아이디어는 '공유'라는 개념을 장학활동에 활용하자는 내용이었다. 지금은 여러 지역교육지원청에서 장학 커뮤니티를 운영한다. 2005년 혁신아이디어 공모전에서 제안된 아이디어가 확산된 것이다. 독서에서 얻은 아이디어가 삶을 변화시킨 사례를 만들어냈다.

장학사로 일할 때, 업무 기획에 자신 있었던 까닭은 독서를 통해 준비한 결과라고 생각한다. 6년간 장학사 업무를 추진하며 기획안을 수정하라는 지적을 받거나 퇴짜를 맞은 적이 없다. 이미 고전이 된 《THE ONE PAGE PROPOSAL》 '아이디어의 탄생'에서 기획서 작성의 핵심을 깨우쳤다. "1 Page Proposal은 나의 성공 비결 중 하나요. 당신에게도 매우 귀중한 성공 비결이 될 수 있소. 거래 여부를 판단하는 결정을 내리는 자리에 있는 사람치고 한 쪽 이상의 분량을 읽을 만큼 시간이 있는 사람은 매우 드문 법이오. 문화와 언어가 달라도 그 사실은 변함이 없소" 라는 카쇼기의 말에서 '자료를 읽는 사람' 을 고려하라는 핵심을 파악했기 때문이다. 《기획의 정석》과 《보고의 정석》에서 탄탄한 기획서 작성에 도움을 받았다.

둘째, 독서를 통해 새로운 사실에서 다양한 관점을 갖고 자신의 삶의 방향을 찾을 수 있었다.

학창시절 교과서에서 다루지 않은 새로운 사실을 알게 된다. 세계사란 19~20세기 강대국의 시선으로 쓴 것이며 우리의 시각에서 세계사를 해석해야 할 필요성을 느낀다. 경제를 보는 눈을 떠 성장과 분배의 조화를 기대하며 복지를 폭넓게 생각할 수 있다. 과거의 일을 오늘의 시선으로 볼 수 있다.

중국의 성장을 새로운 눈으로 바라보며 이슬람 세계와 일본을 재평가해 본다. 심각해지는 환경오염 문제를 철학적으로 판단해보는 시도도 할 수 있었다. 새로운 사실들은 가정 교육과 학교 교육, 여성을 대하는 바른 시선, 종교와 인생을 바라보는 관점을 만든다. 나아가 내 기준만으로 판단하지 않고, 아이디어를 삶에 연결하며, 생산하고 공유하는 사람이 지식인이어야 하며, 그런 삶을 살고자하는 욕구를 자극한다.

셋째, 책읽기를 좋아하고 실천해보니 회복탄력성을 키울 수 있었다.

'보이지 않는 행복을 어떻게 정의할 것인가'에 대한 답을 찾고 언제나 행복할 수 없음을 받아들인다. 행복한 인생은 자신의 내면을 들여다보고 자신이 원하는 것을 하는 것이다. 나아가 다른 사람을 동정할 줄 알고 공동체를 사랑하는 것이 행복한 인생을 사는 길이다.

출생에서 사망까지 살아가는 동안에 모두가 행복하길 원하지만 그럴 수 없다. 가정, 사회에서 질병, 사고, 탈락, 노여움, 욕망의 좌절 등으로 고통을 받거나 희망을 갖고 새로운 시도를 하기도 한다. 인생은 고통과 모험이 있는 서사시를 완성해나가는 길이라는 생각한다. 고통과 모험을 하는 과정에서 언제나 자신이 인생의 선장이 되어야 한다는 단순함을 받아들일 수 있었다.

이 책을 읽는 독자에게 실생활의 유용함, 관점의 변화, 회복탄력성 말고도 더 좋은 경험과 추억이 함께하기를 바란다. 독자들과 만나 이야기를 나누는 시간도 기대한다. 나아가 이 책이 독자로부터 가족, 친구, 이웃들에게 즐겨 읽히기를 희망한다.

독서로 말하라

초판 1쇄 인쇄 2018년 7월 20일   **2쇄** 발행 2018년 9월 10일
　　　1쇄 발행 2018년 8월 10일

지은이　　　노충덕
발행인　　　이용길
발행처　　　**모아북스**
　　　　　　　MOABOOKS

관리　　　　양성인
디자인　　　이룸

출판등록번호 제 10-1857호
등록일자　　1999. 11. 15
등록된 곳　　경기도 고양시 일산동구 호수로(백석동) 358-25 동문타워 2차 519호
대표 전화　　0505-627-9784
팩스　　　　031-902-5236
홈페이지　　www.moabooks.com
이메일　　　moabooks@hanmail.net
ISBN　　　　979-11-5849- 074 - 4 03190

모아북스는 독자 여러분의 다양한 원고를 기다리고 있습니다.
(보내실 곳 : moabooks@hanmail.net)